99%のためのマルクス入門

KARL MARX

田上孝一

犀の教室
Liberal Arts Lab

装丁　松田行正＋杉本聖士

99%のためのマルクス入門　目次

序章

あらかじめ疎外された若者たち

もはや一過的なものではないマルクスブーム……016
『資本論』が明らかにしたこと……018
労働における主客転倒とは……021
現代社会の批判原理足りうるか……024
アリストテレスの時代の常識と我々の常識……026
マルクスを古典として読むこと……028
経済や政治が変わるだけでは不十分……031
環境問題の解決の条件……034
「持続可能性革命」の実現可能性……036
資本とは転倒した人間関係……039
友愛で人々が結ばれる社会……042
新たな文明を想像するための視座……043

1章

ブルシット・ジョブ

――なぜ労働と資本の主客転倒が起きるのか

人間は社会的動物である……046
自然権思想の系譜……048
マルクスの哲学的立場、唯物論……050
唯物論vs観念論……053
宗教的残滓の徹底的除去……055
価値の絶対性と相対性……058
私的所有権の絶対性……060
マルクスの道徳観……062
「マルクス主義的道徳論」の誤り……065
「ブルシット・ジョブ」の問題提起……068
官僚制が必然的にもたらすもの……069
「今ここにあるコミュニズム」の再発見……072
コミュニズム要素の普遍化……074
ケア労働とコミュニズム要素……075

マルクスにとって核心的に重要だった要素……078
「分業」と「協働」の違い……080
官僚制自己肥大化の本質……083
形を変えた奴隷制社会……085

2章

ワーキングプア
——現代の奴隷制と階級の視点

転倒した人間関係……090
賃金奴隷制への批判……091
経済学に取り組んだ理由……093
ヘーゲル主義の根本的限界を痛感……095
市民社会の実体的本質が経済……098
ありえない異常事態……099
「自己増殖する価値」の怪物……102
資本の源泉は他ならぬ労働者である……105

疎外論というパラダイムのもとに……106
マルクスの執筆スタイルの特徴……109
草稿群を検討する必要性……111
第一草稿の「疎外された労働」……113
巨大な分配の不公正が常態化……116
「中産階級」の正体……118
資本の本質を解明する……121
貨幣経済とは異なる経済のあり方……124
資本主義における対象化は疎外として現れる……126
ワーキングプアの増大は資本の内的本性……127
最大の緊張と不規則極まる中断……131
労働自体が疎外された状態……133
疎外のない人間的な労働への道筋……136
階級それ自体が消滅した社会……139
問題の立て方に既に解決が含まれている……141

3章 社会主義はまだ実現されていない
――歴史の喜劇を繰り返さないために

「宗教は民衆のアヘン」の真意……146
宗教それ自体を批判したものではない……149
一度目は悲劇として、二度目は喜劇として……151
スターリンによって変質したのか?……154
歴史は喜劇として繰り返してはいない……155
現実社会主義は社会主義ではない……157
労働過程の主体は労働者である……159
余剰がなければ疎外も起こらない……162
理想的な労働のあり方へのオマージュ……164
生産手段の社会的所有……167
国家所有=社会主義というプロパガンダ……168
水平的に連帯した共同関係……171
マルクスにとっての私的所有とは?……173
ソ連の社会主義は実は資本主義?……175

体制の維持それ自体を目的とした社会……178
資本主義によく似た独特の抑圧社会……181
再検討されるべきユーゴ型社会主義の意義……183

4章 ポスト資本主義への想像力
――ゲノッセンシャフトの概念

マルクス主義思潮の根本的な誤謬……188
科学者ではなく宗教者にふさわしい態度……190
市場のない経済のあり方を展望する……192
SF的空想から離れる……194
初期段階の社会主義、発展段階の共産主義……197
マニュアル的労働からクリエイティブ活動へ……200
マルクスが理想とした未来社会……202
自由恋愛をきっぱりと否定したマルクス……204
人間の人間に対する最も自然な関係……208

プラトンは私的な原理を否定した……210
結婚制度の存在根拠はなくなる……212
私的所有が否定され公共財へ……215
ヘテロセクシャルを想定したゆえの限界……217
共産主義は私的所有の否定と同時に国家の否定でもある……219
個人が別の個人を丸ごと所有してはならない……222
疎外された労働こそ私的所有の原因……224
マルクスは分業を否定したか？……226
精神的にも肉体的にも優れた人間像……229
人間存在全体の感性的解放……231
資本主義の所有とは抜本的に違う所有のあり方……234
転倒は貨幣においてこそ端的に現れる……237
全体的存在としての獲得……238
アソシエーションという基礎概念……241
実質的な上下支配関係が消失……243
ヘーゲルは国家原理に解決を求め、マルクスは国家原理を否定する……246
アソシエイティヴなゲノッセンシャフト……248

共産主義的な「全体的人間」……250
規範は強制されてはならない……252
実現可能性のあるユートピア像……254

5章 マルクスから見る環境問題
――SDGsから定常社会へ

家族的友愛と市民的自律が止揚される社会……258
10万倍という常軌を逸した格差……259
SDGsの原理的な限界……261
社会主義においてこそ実行力を発揮するSDGsの問題提起……264
変革のための必須の両輪……266
個人の倫理的実践の重要性……268
マルクスの歴史理論は生産力中心主義的か？……270
政治的革命闘争は必要である……273
平和的な革命路線もありうる……275

出産のアナロジーで革命を語る……278
理想社会は生産力発展の彼方に？……281
湯船と蛇口のたとえ……283
資本主義以前と以降とで異なる歴史の根本原理……285
人類の本史では生産力の性格が反転……287
資本主義を突破した先にある真の定常社会……290

あとがき……293

付録　マルクスを読むために……307

99%のためのマルクス入門

序章
あらかじめ疎外された若者たち

もはや一過的なものではないマルクスブーム

ある程度長く生きていると、世の移り変わりにつれて、様々な物事の栄枯盛衰を直に見ることになる。多くは一度だけ流行を見せてからその後で急速に衰退し、人々の記憶から忘れ去られる。後から見れば、なぜあんなものが人気だったのだろうと訝しい気持ちになることも多い。

その中で、まるで景気の波のように周期的にブームが来るものも、ままある。その代表の一つだと思われるのが、私の研究対象であり、この本の主題であるカール・マルクス（1818〜1883）である。まさに今現在、第何次なのかは定かではないが、明らかにマルクスの人気は、ブームといっていい状況にある。この本自体が、その産物の一つということになろう。

しかし、マルクス人気は今や、もはやブームとはいえないようなものに、もっと確固とした社会の風潮のようなものになりつつあるような気がしている。というのは、マルクスに対するブーム的な人気は暫く前から頻繁に繰り返されるようになり、その周期の短さからして、これからは人気や注目度が上がることがあっても、下がることはないと思われるからだ。今やマルクスの理論は、我々の社会の基調を指し示すものになっていて、我々の社会自体が大きく変わらない限り、マルクスの理論が陳腐化することはありえず、マルクスの理論的重要性への社会的注目は一過的なものではなく、むしろ我々の社会の常識になっていくのではないかと、私には思われる。

しかしこれは少し考えれば、さほど驚くほどのことでもないことが分る。なぜならマルクスが今から150年も前に批判していた現実が、本質的には変わることなく存続しているからだ。

特に私が大学で教えている際に、学生を驚かせ、喜ばれもするのは「疎外された労働」の話である。今の学生というより今の若者は、それとして学ぶ以前から労働の疎外という現実を、時代の空気として肌で感じている。アルバイト経験のある学生ならば特に、職場で味わった理不尽な体験をきちんと言語化したいと願うものである。それがマルクスによって疎外という言葉で表現されていることを知り、捜していた言葉を見つけて喜びに震える学生の声を、これまで数多く聞いてきたのである。

まさに学生はこの資本主義の中に生を受け、しかも偽りだったとはいえ目に見える資本主義へのオルタナティヴであった現実（に存在した）社会主義が既に崩壊したか、崩壊せずに残っている中国も事実上資本主義同様になっているという知識を常識化しているため、疑うことなく資本主義の現実をこれ以外ない社会のあり方として受け止め、これ以外の社会が可能だという想像力を奪われているのである。

いわは今の学生というか若者は、あらかじめ疎外されているのである。

しかし多くの若者は、この疎外を喜んで認めて受け入れているわけでは決してない。若者に限らず誰だって、それが可能ならば疎外された労働ではなく、疎外されていない労働を行ないたいはずだし、そもそもの話として、「労働の廃止」(『ドイツ・イデオロギー』)すらを望む人も少なくないだろう。

しかし若者は、そして若者に限らない多くの人々が、現実社会主義の失敗＝社会主義の不可能性＝マルクスの理論的有効性の消失という偽りのイデオロギーを各種メディアを通して刷り込まれているため、いわば精神的に武装解除されてしまっている。しかし崩壊したのはマルクスの理論に依拠した社会ではなく、そもそも社会主義ですらなかったのである。だとしたら、希望は少しも潰えてはおらず、むしろ崩壊した「社会主義」を偽りの社会主義として、そうあってはならない社会の歴史的現実として、これから望まれる新たな社会の反面教師として教訓化できるのではないか。これが本書で訴えたい中心的なメッセージである。

『資本論』が明らかにしたこと

ではマルクスの理論を、私はどのように講義しているのであろうか。その細かな内容はまさにこの本の全体で論じていくことになるが、その骨格のみをここでは記したい。そして続く各章でここで論じたことを肉付けする形で詳論したい。

マルクスはその若き日から常に、同時代の人々との対話と論争の中から自らの理論を鍛え上げていった。その目的は今よりもよい人間と社会の実現である。これはつまり、マルクスはその最も根源的な次元で、現状肯定的ではなく、現状に対して批判的なスタンスを有する思想家だということである。しかしマルクスは決して批判それ自体を目的とはしなかった。彼が現状を批判するのは、それが本来あるべきあり方としてはふさわしくないからである。既に理想が実現されていれば、敢えて批判するまでもない。

彼はまた、理想というのは現実と切り離された天上的な理念としてあるものではなく、現実の中で実現できるからこその理想であるとした。マルクスはこの理想と現実の捉え方を若き日に、彼が最も強く影響を受けた先行者であるヘーゲルから学んだが、このスタンスは彼がヘーゲル主義の立場を離れてからも終始一貫したものである。つまり、マルクスの理論は一方で実現可能性を無視して夢想を語るようなものではなく、他方でこちらは今でもマルクスについて広がっている誤解の一つであるが、一切の理想を語らずただひたすらに現状の科学的分析に専心するのみのものでもない。マルクスの立場は共産主義であり、共産主義とは未だ実現されていない（ソ連は共産主義ではない！）が、やがて実現されるべき理想の未来である。マルクスは自らの保持する理想が現状分析からの自然な理論的帰結であると万人に納得されるよう、現にある社会である資本主義の根本的な非合理性を限なく説明しようとした。この努力が『資本論』に結実する彼の経済学研究である。

従って『資本論』は単に価値中立的に経済現象を説明しようとした理論体系ではない。かといってただ各経済現象を道徳的に非難しようとした説教でもない。あくまで厳密に資本主義という社会の経済のあり方を、経済全体を構成する細胞単位である商品の運動という統一的な視座から、細部に至るまで隈なく描ききろうと努めた成果である。そしてそもそもの前提として、人間の基本的な生活活動の領域を構成する経済現象が、具体的な生身の個人としての人間ではなく、抽象的な経済学のカテゴリーである商品の運動として説明できることそれ自体が、本来そうあるべき人間の経済のあり方からの転倒であることを証明しようとした著作なのである。

つまり『資本論』はその主要な考察対象である資本主義社会が、いかに人間にふさわしい経済から転倒しているのかを事細かに説明し、転倒していて異常なゆえにそうした経済のあり方は長続きせず、再転倒による正常化を余儀なくされるということを説得的に展開しようとした理論体系だということである。

そうした転倒のあり方の具体的な内容は後の各章で説明してゆきたいが、様々に現れる資本主義ならではの転倒現象の大本にある一番基本的な原因は何なのか、何がひっくり返っているから他の全てがひっくり返るのかということだけは、予め明確にしておきたい。

これが私が毎年繰り返しているマルクスの講義で一番に強調する論点である。

労働における主客転倒とは

このことを私は概ね次のように学生に説明する。

我々の生活はどこかで何かしらが作られ、作られたものが流通して、それを購入して消費することによって成り立つ。この生産から始まって消費に終わるサイクルが繰り返される再生産構造が、我々の社会の基本である。だとしたら、この過程の出発点である生産活動は、社会そのものを支えるような重要な要素になるのではないか。

生産とは物を作ることであり、物を作る行為は労働である。労働が行なわれる過程が労働過程である。ならば我々の社会の中心的位置にあるのは労働過程ということになるはずである。労働過程は労働者が主体となって行なわれる。というよりも、労働過程は労働者が労働力を用いることによって実現される過程なのだから、労働過程の主体は定義上労働者である。我々の社会の中心には労働過程があり、労働過程の主体は労働者である。では我々の社会の主役は当然労働者ということになるのではないか。

ところが、そうはならないのである。それは個々の労働過程はそれだけでは実現しないからだ。どの労働過程も、趣味で行なうような例外を除けば、常にその社会全体の制度に従う形で行なわざるを得ない。奴隷制社会でも労働過程の主役は労働者である奴隷だったが、奴隷が行なう労働過程を指揮監督するのは奴隷主または奴隷主に雇われた代理人であり、社会全体の総生産過程という単位では、奴隷制社会の生産主体は奴隷を所有する支配階級であった。

我々の社会では奴隷ではなく賃労働者が労働を行なうが、賃労働者の労働を可能にするのは労働者を雇い入れた資本家である。労働者は資本家及び資本家が雇い入れた代理人の指揮監督の下に労働を行なう。労働過程の主役は定義的に労働者であるが、その労働過程それ自体が資本によって支配される対象として客体化される。

つまり我々の社会は、本来社会の主人公であるはずの労働者はむしろ客体化され、資本家に利用される側になっている。社会的総生産過程という単位で見れば、我々の社会の主体であり主人公であるのは資本家である。資本家は資本の人格化に過ぎないから、我々の社会は実際に労働を実現する労働者ではなくて、労働者を客体として手段化して労働過程を実現させる資本が主体となった社会ということになる。資本が生産の主体である社会だから、我々の社会は資本主義というのである。

社会の核心にあるのは労働過程であり、労働過程の主役は労働者である。ならば労働者こそが社会の主役でなければおかしいはずだが、ところが我々の社会は今に至るも本来のあり方が逆さまになっているのである。主体であるはずのものが客体になり、客体に留まっていなければならないはずのものが主体になっている。これが我々人類の歴史であり、まさにそこに貫いていたのは本来あるべき人間のあり方が実現されていない疎外の論理ということになる。

当然このような説明をすれば、ではソ連はどうなのかという話にもなるだろう。だがソ連がマルクスのいう意味での社会主義ではないのは明らかではないか。一体どう見ればあの社会が労働者が社会的総生産過程の主体となった社会といえるのか。そのような話はそれこそソ連官僚及び官許学者が宣伝した単なるプロパガンダに過ぎず、実態は労働者から乖離した官僚が主人公となった社会に過ぎなかったのである。

概ねこのような話を学生に聞かせている。つまり、転倒した経済である資本主義の最も根底にある転倒とはまさに、経済運営の主体であるべき労働者がむしろ資本によって使われる客体になっているということである。

こうして我々の社会は転倒した社会だから正常に戻されるべきだし、人類にはそのポテンシャルは十分にあると、常に学生に言い聞かせている。勿論これは一つのユートピア的ビジョンに過ぎず、人類社会は最後の最後まで主客が転倒したままでいる可能性も強かろう。とはいえ、このような話は今まで当然だと思っていたことが必ずしも当然ではないと学生に気付かせるきっかけにはなるはずである。そしてこのような幾分大言壮語気味な話が、閉塞状況にある今の時代にあって、特に若い世代に新鮮に受け止められつつあるというのも、確かに実感させられていることなのである。

現代社会の批判原理足りうるか

こうしたマルクスの理論が、現代社会の批判原理としてどれだけ有効性があるのか。当然のことながら、マルクスの著作が現在社会の経済現象や社会問題を細かく説明するために直接適用できるというのは、無理のある教条主義だろう。他にない優れた洞察があったとはいえ、あくまでマルクスは200年以上も前に生まれた歴史上の人物である。彼の理論を一切変更や修正することなしに現代社会の説明原理としようとすることは、当のマルクス自身の意に反することにもなろう。もしマルクスが今に生きていたら、当然その著作の内容は大きく変わるだろうからだ。

とはいえ逆に同時代人だけが有効な議論を展開できるというのもおかしなことだろう。それでは古典は全く不要になる。

私がマルクスに求めるのは、古典としての役割である。古典はまさにそれが古典であるがために、その叙述の全てが現代社会に直接に適用はできない。例えばアリストテレスである。現在の倫理学研究の世界では、伝統的に重視されていた功利主義と義務論の他に、「徳倫理学」という立場が勃興してきている。哲学の歴史において徳の教説を初めて体系化したのはアリストテレスであり、徳の問題を考える上で一番重要な古典はアリストテレスの倫理学上の主著である『ニコマコス倫理学』である。このため現代の徳倫理学者の間でもアリストテレス及び『ニコマコス倫理学』は極めて重視されている。現代の研究でありながら、遥か古代の古典が同時代的に読まれ続けているわけである。

しかし現代の我々が行なう『ニコマコス倫理学』の読解は、当のアリストテレス自身からすれば全く許容する余地のない「誤読」である。

アリストテレスは「人間は社会的動物である」と言ったとされ、この認識はマルクスにも高く評価されているが、アリストテレス自身の意図としては、人間は単に社会的な存在であるということ以上の含意があった。正確には社会的存在ではなくてポリス的存在だと述べているからである。ポリスは言うまでもなく古代ギリシア人の生活の基本単位だった都市国家のことである。つまりアリストテレスはポリスを構成して生活してこそ人間にふさわしいのであって、そこにはポリスを作らないで生きている異民族は人間以下の劣った連中だという差別意識が前提とされている。

そして倫理学とはアリストテレスにとって、こうしたポリスを運営するための学問としての政治学の予備学だとされる。ポリス自体が善であるため、ポリスを首尾よく運営するためには善それ自体を知らないといけないからである。そしてポリスは自由人の成人男性によって運営されるのだから、子供は元より、成人であっても女性や奴隷は倫理学を学ぶ必要はない。倫理学は自律的に考えて善を為すことのできるような徳を陶冶《とうや》するのが目的だが、子供は大人の、女性は男性の、奴隷は主人の言うことを聞けばいいのであって、自律的に考える必要はない。ついでに言えばアリストテレスは自由人の男性であっても若者はまだ分別が付いていないから倫理学を学ぶには早すぎるとしている。

とするとアリストテレスの倫理学は、その本来の目的も学習者の範囲も極度に狭く制限されたものだったということである。古代ギリシア人特有のポリス社会の枠内にて奴隷制度を前提にした上で、国政を担うにふさわしい一部のエリート男性のみが学ぶべき学問ということになる。

こうしてアリストテレス自身の意図と前提は、現在に生きる我々とは遠く隔たっている。そしてもしアリストテレスの倫理学をアリストテレス本人が意図した目的でしか読めないとしたら、アリストテレスの著作は今では全く読む価値のないゴミクズでしかない。

しかし今や誰もアリストテレスの著作を、アリストテレス本人の意図通りに読みなどしない。我々はアリストテレスの著作を、普通の倫理学の著作として読むのである。

アリストテレスの時代の常識と我々の常識

普通の倫理学の著作とは、人間はどう生きるべきかを説いているような本である。一部の特定された人間ではなく、人間一般がどう生きるべきかを問題にしているのが、普通の倫理学の著作である。

これは我々が、人間は現実の個々人を見ればどんなに多様であっても、人間という点では同じであって、個々に見られる差異は、人間であるという同一性に対して二義的だと考えているからである。なぜかといえば、我々は人間が平等であるし、平等であるべきだと考えるからである。実際の個々人は、性別や国籍や、社会的地位や年収の高低によって千差万別であるが、だからといって人間に本質的な上下はないし、あってはいけないという観念が常識化している。つまり、多様性の根底にある本質的な均質性が人間の本質だというのが、我々の社会の常識だということだ。

しかしこうした我々の常識は、アリストテレスには全く及びも付かないものである。何となれば、アリストテレスに限らず古代ギリシア人の常識からすれば、我々とは反対に、我々が自明視する根底的な同質性を前提とする、平等意識に支えられた普遍的な人間概念などありえなかったからである。

古代ギリシア人からすれば、性別は絶対的であり、男性支配は当然である。奴隷は支配されるものであり、自由人に所有される生きた道具である。女性も奴隷も同じ人間として自由人の男性と同じだなどという見方は、それこそ非常識の極みだった。それだからソフィストの定番的な論法の一つに、自由人も奴隷もピュシス（自然本性）においては同じだというのがあったのである。これはソフィストが本気で人間の平等を信じてこれを広げようとしたというよりも（その可能性もなくはないが）、むしろ主要には当時の常識を逆手にとって相手を驚かし、議論を有利にしようとするディベートのテクニックのようなものだった公算が高い。まさに人間は平等ではないことが常識的な前提であるからこそ生かされる弁論術である。

そして我々はアリストテレスがこうした古代人の一人だったという大前提を完全に無視して、彼の著書を普通の倫理学の著作として、本質的に平等な存在を指し示す普遍的な概念としての「人間」が、「どう生きるべきか」を教示した著作として読むのである。これは現代の徳倫理学者にあっても同様である。現代の徳倫理学者の中には近代的な人間概念の均質性に疑義を挟み、歴史的に特殊な共同体の一員であることのアイデンティティを重視するような論者もあるが、だからと言って性差別を肯定したり身分制の復活を求めたりする者は皆無である。近代を批判するからといって、近代の大前提である人間の平等を否定することはないし、できない。これは古代ギリシア人とはまた別の我々の時代ならではの制約であるが、これは絶対に正しい。どのような倫理思想を発表してもいいが、女性の隷属や身分差別を肯定するような類は許されることはないし、許してはいけない。

マルクスを古典として読むこと

このようにある著作を古典として読むということは常に、現在の地点から、現代の価値観に適合する形に読み替えて、現代にその理論が生かせるかどうかという観点で読むことになる。マルクスを古典として読むというのもこういうことだ。

マルクスはアリストテレスと異なり近代人であり、前提の多くが我々と共有されている。そのためマルクスを読むに当たってはアリストテレスのように、本人の意図を意識的に否定する必要はない。マルクスの叙述の多くは同時代的な響きを持って我々に迫ってくる。かといって、既にマルクスの時代とは大きく様変わりしてしまった現実も多い。

言うまでもなくその代表が環境問題である。後に詳しく論ずるが、マルクスの理論は現代にあって環境を考えるに際しても、決定的に重要な視座を提供してくれている。しかしだからといって、マルクスが環境問題を現代と同じ水準で捉えることができていたなどとするのは、解釈の矩《かね》を超えた不当な神格化である。マルクスを積極的に評価するのはよいが、同時にその歴史的制約を見ないと、かつての旧ソ連東欧の官許マルクス主義者が行なっていたようなマルクス学説の疑似宗教化を、現代的に洗練した装いの下に繰り返す愚を犯すことになる。マルクスを継承するとは、プロクルステスの寝台よろしく現代の諸問題をマルクスの認識の内部に無理やり押し込めることではなく、現代の諸問題に適用できるようなヒントをマルクスのテキストに見出すことである。だからマルクスの理論を現代に適合するように敷衍《ふえん》しないといけないのであって、その至らないところはきっぱりと切り捨て、大胆な修正をも厭わないことが要請されるのである。

本書が行なうのは主としてマルクスのテキストの中にヒントを見出す作業に留まるが、マルクスの文言を金科玉条の如く保守しようとする意図は微塵もない。大切なことは理論の適切さであって、マルクスが正しいかどうかではない。

この基本観点からマルクスと現代の環境問題の関連を見れば、マルクスは残念ながら、現代の環境危機の、最も重要な大前提を理解することはできなかった。

現代の環境問題の最も重要な前提とは、それが一時的で局所的な公害ではなくて、地球大規模の根本的な環境変動になっているという点である。言うまでもなくその代表が温暖化で、温暖化とはまさに地表全体の平均温度が自然の推移ではありえないように「不自然な」速度で急激に上昇し続けている現象である。

これは人類の産業発展に伴う環境破壊が、地域的な公害のレベルを超えて地球全体の気象条件をも変化させるほどに深刻化した事例である。マルクスは確かに資本の野放図な運動がもたらす環境破壊を深刻に捉え、これを厳しく批判していた。だからといって資本の生産力が地表全体を荒廃させるまでに高まるとは予想していなかった。だからマルクスをそのまま現代の環境問題の救世主のように持ち上げるのは、かつての官許マルクス主義同様の新たなる神格化ということになろう。

しかしマルクスの理論が現代の地球環境問題を前に全く無力かと言えば、これは単純に過ぎる見方である。確かにマルクスには現代の環境問題に直接に適用できるような同時代性はない。だがこれを古典的なテキストとして読み、その思想のエッセンスを現代に生かしていこういう態度で再解釈すれば、他では得られない豊かな思想的源泉とすることができる。マルクスは環境問題の地球大規模での深刻化は見通すことはできなかったが、彼が直面した局所的な環境破壊の根本的解決は、その理論の方向からすれば必然的に地球規模の運動にならざるを得ないとしていたからである。

マルクスは資本主義の批判者として、環境問題の根本原因は資本そのものにあるとした。今日ではこの基本観点自体も問い返す必要がある。後で改めて議論するが、例えば資本主義を体制として乗り越えることができたとしても、以前より優れた社会に生きる人々が個人的なライフスタイルとして明らかに環境に悪い習慣を保持し続けていたとしたらどうだろうか。

経済や政治が変わるだけでは不十分

環境の観点からは、幾ら性能が向上し、有害物質の排出量が少なくなったとはいえ、個人が自家用車を使用するのは非常にマイナスである。今のガソリン車はかつてのように黒煙を吐き出すことはなく、燃費も飛躍的に向上して昔のクラシックカーに比べれば大幅にクリーンな乗り物になっているが、そもそもの根本として、平均して60キロ程度の人間が一人移動するために1トン前後ある鉄の固まりを動かさなければならない代物であり、この基本的な不合理は高性能な電気自動車になっても変わらない。これに対して自転車は僅か10キロ前後の重さで徒歩よりも遥かに効率的に人体を移動できる道具であり、地上移動手段としては最も優れたものである。

ということは、たとえ資本主義が克服されて資本主義よりも優れた経済システムの中に人類が暮らせるようになったとしても、個々人の選好が相変わらず自家用車の汎用を求めているとしたら、相変わらず環境負荷の高い地上交通は維持され続けるのである。それどころか、新社会の人々が旧社会同様に自家用車を愛好することが常識化し続ければ、資本主義のような貧富の差によってクルマを持てる人と持てない人の別がなくなる分だけ、より一層多くのクルマが自家用に用いられることになる。そうなるとこの「理想社会」では、かつての人間抑圧社会よりも環境負荷が高くなり、持続可能性が以前よりも低下するという自己矛盾を引き起こすことにもなる。

つまり単に経済や政治が変わるだけでは不十分で、個々人の欲求や選好の質それ自体も変化する必要があることになる。

ここに旧来のマルクス主義的な思想運動全体が陥っていた一つの落し穴がある。

確かに人間の意識は彼や彼女が属する社会のあり方に決定的に規定される。社会を変えるにはどんなに頑張って個々人が意識変革しても、それだけでは無理である。社会を変えるには社会それ自体を変えなければいけない。それは社会の基本的なあり方であるその政治や経済のシステムそれ自体を変えるということである。マルクス主義はまさにこの論点を強調し続けてきたのであって、その限りでマルクス主義は正しい。

しかしマルクス主義はまた、社会を変えさえすれば、自ずと人々の意識も変わると楽観し続けてもいたのである。社会が未来なき資本主義から、持続可能な共産主義に変化したら、そこに住む人々の思考様式もライフスタイルも自動的に持続可能なあり方に変化するかのように楽観していたのだ。しかし果たしてそんなに上手く行くのか？　社会体制が変わっても、そこに住む人々は相変わらず環境破壊的なライフスタイルを選好するかも知れないし、理想社会として個人の意志が旧社会よりも実現し易くなっているために、個々人の選好はむしろ旧社会よりも一層環境破壊側に傾斜するのではないか。

そんなことはありえない。新社会では予め自家用車のような環境破壊的な生活手段は取り除かれていて、個人のライフスタイルはどうあっても環境親和的なものにならざるを得ないという反論がありそうである。しかしそれでは、個々人の都合を無視した抑圧ではないのか。資本主義では収入が低いことによって個人の自己実現は大幅に妨げられるが、この理想社会では賢明な指導者や指導層によって設えられた政策により、個々人の多様な欲求や選好は無視される。しかしこれでは、資本主義とは形が違えど、同じような抑圧社会ではないのか。各人が心から望んでそうするのならともかく、社会全体や環境に望ましいからといって個々人の多様な選好を無視した政策決定がなされる社会というのは。

このような理想社会は、少なくとも建前としてはどのマルクス主義思潮でも唱えられていなかったはずだし、少なくともカール・マルクスその人は強く拒絶するだろう。しかしこれまでのマルクス主義のみならず、その出発点であるマルクスその人にあっても、社会システムの変革と個々人の意識変革は、楽観的な自動的変化という期待以上の具体性を示せなかったように思われる。残念ながら人間はそう単純ではない。体制が変われば個々人の意識も自動的に体制に合わせて変わるということは決して保障されないのだ。

環境問題の解決の条件

確かにマルクスは後のフォロワー、特に他ならぬ盟友であるエンゲルスとは異なり、革命が成就しても旧社会の母斑が容易には消え去らないことを賢察していた。エンゲルスは『反デューリング論』で商品交換は簡単になくすことができると嘯いていたのだが、反対にマルクスは『ゴータ綱領批判』(1875年)で、資本主義が克服されても商品交換に類似した財の分配のあり方が当面は続かざるを得ないことを示唆していたのである。しかしそのマルクスにあっても、個人の意識は体制の変革によってやがて時と共に変化するに違いないという楽観自体は堅持されているのであり、しかも新社会にあってもなお啓蒙が必要であることの具体的な説明は不要だと思われたのである。しかしこうした具体的な啓蒙こそが、今まさに持続可能性の実現のために求められていることではないか。新社会に移行する前には勿論、移行した後であっても個々人の選好が自ずと環境破壊的な方向に向かわないように、各人一人一人が自らの欲求のあり方を陶冶することが、現代にあっては理想社会実現のための必須な契機の一つになるはずである。だがこうした観点はマルクス的な思考の枠外にあるものである。だから我々はこの点で、マルクスの楽観主義をそのまま共有することはできないのである。

しかしこのことは、だからと言ってマルクス主義的な前提を放棄して、体制のあり方にかかわらない個人的な倫理的実践のみを重視すべきだという話にもならない。大事なのはこれらを排他的な二項対立で捉えることではなく、むしろ変革のための両輪だと見なすことである。これはまさにマルクスを古典として相対化し、是々非々で吸収していくという我々が採用するアプローチの具体例なのである。

そして集団的な社会変革行動ばかりを重視し、個人的な倫理的実践を軽視しがちだというマルクスやマルクス主義が陥っていた一面性を批判しつつも、なおマルクス的な立場こそを基本にすべきだという実例も、まさに同じ環境問題にある。

マルクス的な観点からすれば、環境問題の抜本的解決は環境問題の主要な源泉である資本主義それ自体の克服なしには不可能である。そしてマルクスによれば、資本主義に換わる社会である共産主義は、世界大規模の革命が成就しない限り実現しないとしていた。

このような「世界革命論」はマルクスにはなくて、トロツキストのような後のマルクス主義者が唱えたという話を仄聞《そくぶん》するが、これはよくある誤解である。実際にはマルクスは既に若き日の『ドイツ・イデオロギー』（１８４５‐６年）において、「共産主義は経験的にはただ支配的諸民族の行為として、〝一度に〟そして同時にのみ可能であり、生産諸力の発展とそれに結び付いた世界交通を前提する」と言っていたのである。『ドイツ・イデオロギー』がエンゲルスとの共著であるように、『ドイツ・イデオロギー』から程なくして書かれたエンゲルスの単独著作である『共産主義の原理』（１８４７年）ではより明確に「共産主義革命は、単なる国民的なものではなく、全ての文明諸国、すなわち少なくともイギリス、アメリカ、フランスおよびドイツにおいて同時に進行していく革命だろう」とされていた。

今日からすれば、革命の見通しや戦略としてこの世界同時革命論が夢想に近い響きを持つのは否めない。しかしここで重要なのはそこではない。たとえ実現が困難だとはいえ、マルクスやエンゲルスが共産主義をあくまで世界大規模のものとしてのみ可能だと想定していることである。まさにこれこそが、環境問題の解決にも必要とされる基本視座だからである。

「持続可能性革命」の実現可能性

『成長の限界』（１９７２年）で有名なローマクラブレポートは、当時はソ連官許マルクス主義者から社会主義革命を恐れるブルジョアジーの断末魔の足掻きなどと揶揄されたが、レポート作成者の視野はそんなに狭隘なものではなかった。レポートを依頼した企業家はともかくとして、レポート作成者自身が求めていたのは資本主義を死守することではなく、まさにレポートの本旨にあるように、持続可能な文明の実現である。そのため、『成長の限界』の後続著作である『限界を超えて』で著者たちは、「定常社会」を提起したJ・S・ミルにならって、成長至上主義の社会からの脱却を説いていたのである。その際に提起された概念が「持続可能性革命」である。

『限界を超えて』の著者たちは「持続可能性革命」が具体的にどのようなものであり、そうした革命後の社会が相変わらず資本主義なのか、資本主義の枠内でそのような革命が可能なのかを曖昧なままにしておいたが、ここにこそ現代においてマルクスの理論的可能性を語る焦点の一つがある。

まさに今日求められるのは、持続可能性革命なのであり、そうした革命はマルクスやエンゲルスが共産主義革命をそう見なしたように、世界大規模で展開されることによってしか成功する見込みはない。そしてマルクス的観点からすれば、そうした持続可能性革命後の社会こそが今日的な意味での「共産主義社会」だということである。

現代社会で最も重要な問題は資本主義か社会主義かという体制選択の問題ではなく、環境破壊により人類を滅亡の淵に立たせないためには、どのような社会が求められるのかということである。もし資本主義の枠内で持続可能性が実現するのならば、資本主義のままでよいわけである。

しかしまさにマルクス的な観点では、資本主義は本質的に持続可能性を実現できないと見なす。それは後に改めて論ずるように、資本主義はその基本的な生産力のあり方として、自然成長的に展開し、生産力の創造主であるはずの人間を逆に支配し従属させるものだからである。そのため、成長至上主義というのは資本主義の中に必然的に組み込まれた鉄則であり、資本主義にあっては各人の意思を無視して自動運動するかのように環境破壊が進行せざるを得ない。

そして環境問題は今や地球環境問題として国境を越えて広がり、その深刻度を増している。資本主義が地球大規模に拡張していくと共に、環境問題も地球規模で深刻化している。そこで必要なのはまさに、地球規模で資本主義の宿命である自然成長的な生産力の進展をコントロールできるかである。これは新たなる文明のあり方が地球規模で普遍化することである他はない。

まさにマルクスの理論はこうした現代的な文脈を先取りしている。現代において求められるのは資本主義に具現化された環境破壊的な文明に代えて、持続可能性を実現する新たな文明を局所的にではなく地球規模に広めていくことであるという、基本的な思考の枠組みを提供しているという意味においてである。

資本とは転倒した人間関係

　ここで重要なことは、資本主義にあって人間が従属させられる様々な要素を――それは何よりも資本そのものであり、環境破壊する自動機械である自然成長的な生産力の展開だが――、他ならぬ人間自身が作り出し、その存立を維持し続けているということである。マルクスに拠れば、人間が生産するための手段として生み出したにもかかわらず、逆に人間を手段として使って生産するようになった生産手段が資本である。こうした手段と目的の逆転は、人間関係が本来のあり方から転倒することによって生じる。そうした転倒した人間関係こそが資本ということである。同じように生産力も生産手段を使って生産できる能力のことであるが、マルクスによれば人間は生産活動によって自己の本質を発現するところにその独自性がある存在なため、生産力の本質はそれが人間自身の本質諸力なところにある（『ドイツ・イデオロギー』）。そうした人間の本質的な力である生産力が、むしろその人間自身を支配し、従属させるわけである。これはつまり、敵は外側にあるのではなく、まさに自分自身だということだ。

　自らを支配し従属させる者が他者であるならば、解決方法は明確である。実際には強大すぎて敵わないかもしれないが、ともあれ戦って打倒すればよい。しかし敵が他ならぬ自分自身ならばどうすればいいのだろうか。ただ暴力的に打ち倒すだけでは、自分自身の命も失ってしまう。資本が人間とは関係のない怪物ならば、ただ打ち倒せばよい。しかし資本が人間自身が怪物化したものならば、単なる暴力的な打倒は自殺行為になる。マルクスはその情熱は理解し、その行動自体は称えもしたが、労働者が蜂起して自らが勤める工場の機械を打ち壊しても、問題は根本的には解決しないのである。現場の労働者には作業機械が抑圧装置として現れることがあっても、機械自体は悪ではない。労働者を抑圧するような使い方が資本によってなされる時に、機械は悪魔の化身に転化するのである。同じように、資本が人間自身の転倒した関係であり、生産力が人間の本質的な力ならば、それにただ反発したり、テロを加えるようなことをしても、機械打ち壊しと同じである。一時的な効果はあるかもしれないが、他ならぬ人間自身が生み出すものなのだから、そうした構造自体が変わらなければ、資本も消失しないし、生産力が抑圧装置であることも変化しないのである。

このように問題の根本は、人間関係そのものや人間にとって本質的に重要な生産するための能力といった要素が、他ならぬ人間自身の意図に反して人間自身を苦しめることになるということにある。人間の本質が、他ならぬ人間から遠ざかって、人間自身を苦しめるのである。人間が作り出したものが、作り手である人間自身の意図に反して人間を支配し、従属させる。こうした事態が生じるのも、人間の作り出した物である生産物が、人間に近しい物に留まることなく、むしろ人間から離れて疎遠になってしまうことに起因する。こうした事態を表す概念が疎外である。疎外とはEntfremdungの訳である。entは外にあることで、fremdはよそよそしく疎遠なことである。人間が自らの本質的な能力を外に出して発揮した成果である生産物は、その出自からしても、本来は人間に近しいものに留まりながら、人間が再び自らのものとして自分自身の内に取り込めるようなものでなければいけない。こうした内化できない外化であるような生産活動が疎外された労働であり、疎外された生産物を生み出すような生産力のあり方が、環境破壊する自動機械と化した現代の生産力のあり方である。つまり現代の生産力は、その本質が疎外されることにより一つの破壊力（『ドイツ・イデオロギー』）に転化してしまっているのである。従って問題の解決はそうした生産力の疎外的性質を変えるような生産の質的転換である。

　同じように資本も、その本質は疎外された生産手段ということになる。従って資本主義の克服とは、生産手段を用いて行なう活動である生産そのものの疎外的性格をなくすことによって解消されるような人間関係の創出である。そのため、もし人類が資本主義を真実に克服することができれば、その後に来る社会は基本的に疎外されていない人間関係で形成された社会ということになる。これがマルクスの展望した共産主義であり、共産主義とはゲノッセンシャフトリヒなアソシエーションである。

友愛で人々が結ばれる社会

アソシエーションというのは人間関係が垂直的なヒエラルキーを形成することなく、水平的な平等関係にあるような人間関係である。ゲノッセンシャフトというのは仲間や同胞を意味するゲノッセが社会関係の基本となっているような状態である。つまりゲノッセンシャフトリヒなアソシーションである共産主義とは、それ以前の社会で支配的だった、特に資本主義ではまさにそれが全面化しているところの打算的な人間関係が克服されて、兄弟姉妹的な友愛で人々が結ばれる社会ということになる。

そしてマルクス的なビジョンからすれば、こうした共産主義は世界的な規模でしか真実には実現しない。そしてこの一見空想的な構想がむしろ、ある種のリアリティを持って来ているのが今日的状況と言えよう。現代資本主義はそれが拠って立つところの疎外された生産力によって環境破壊を深刻化させ続けているが、環境問題が地球環境問題であるように、根本的な解決は地球規模の変革、地球規模で生産力の疎外的性格をなくしていくということでしかありえない。資本それ自身もまた、『共産党宣言』で先駆的に予告されていた通りに、利潤追求のために国境の壁を易々と越えるようなグローバルな存在であることをその本性とする。だからこそマルクスは世界規模の革命を求めたわけである。

こうして今日マルクスを読む意義とは、ある種の壮大な夢物語を、しかし単なる夢想として退けるべきではないという豊かな想像力を読者に喚起することにある。マルクスは共産主義という、地球規模での新たな文明のあり方を求めた。我々はそれが共産主義であるかはともかく、進行する環境破壊を克服できる新たな文明を必要としている。そして環境問題が地球規模であらざるを得ないように、我々が求める文明も、地球規模での変革の結果である他はない。ここにマルクスは現代において新たなるアクチュアリティを発揮せざるを得ない。それだから現在の我々はマルクスを読む必要がある。

新たな文明を想像するための視座

本書は個々の政治や経済政策に具体的な指標を示そうとするものではない。本書が行なおうとするのは、持続可能な地球規模での新たな文明を想像するためのヒントをマルクスの著作から求めようとすることである。現代の具体的な様々な問題に絡めながら、この序章で概観したマルクスの理論的核心をマルクスのテキストに即しながらここで述べたよりも踏み込んで解説しようとするものである。その意味で、本書はあくまでマルクス入門のための一つの試みであり、現代社会についての具体的な処方箋の提示ではない。とはいえ、ここで示されるマルクスの理論が、具体的な政策構想のための基本的枠組みとなりうる可能性は排除されていない。本書の議論はあくまで哲学的な抽象のレベルに留まっているが、それはまさに哲学が本来果たすべき役割である、具体的な分析のための基本的な視座を提供しようと試みるものである。

マルクスは人間社会について極めて深い洞察をなしたが、その対象は既に100年以上も前の現実である。そこには現在と変わらぬ部分もあれば、大きく様変わりした部分もある。ここに既に述べたように、マルクスを古典として読むべき理由がある。しかしマルクスの最も重要なメッセージは、100年前も今も変わらず明確であり、その理論的な有効性も全く揺るぎがない。それはこれまでの人類は常に自分自身が作り出したものによって自分自身が支配されるという疎外状況の只中にあったということだ。これをマルクスは人類の「前史」だとした。前史が終わるのは、人間が自らの生産物に支配されなくなる時だが、それは今なお終わっておらず、深刻化する環境破壊は、いよいよ前史を終わらす必要が切迫していることを明確に指し示している。

マルクスは、人類は自らを疎外し続けた前史を終わらすことができ、疎外された生産力を十二分にコントロールできる未来を実現できると確信していた。このマルクスの楽観こそが現代において最も求められている理論的なスタンスではないかというのが、本書の基本視座である。

なお、本書でのマルクスからの引用は、ドイツ語原典から直接訳出したものである。

1章

ブルシット・ジョブ

なぜ労働と資本の主客転倒が起きるのか

人間は社会的動物である

人間は社会的存在として常に社会の中に生きている。人間は社会的動物であるというのはマルクスの言葉の中でも有名な部類として人口に膾炙しているが、先に説明したように、これは人間はポリス的動物だというアリストテレスの認識を敷衍したものである。そしてポリス以外の社会形態を軽蔑したアリストテレスの時代的限界を見たのであるが、確かに人間は現在普通に使われる意味での社会とは切っても切り離せない存在である。

この場合、社会というのは他ならぬその社会に属している個々人が作り、維持しているものということになる。人間は法律を作り、法律に基づく制度を構成する。つまり、人間の社会の基本的な仕組みは、他ならぬ人間が作ったのであり、人間以外の誰かが作ったものではないということになる。

これは現在の我々にはごく当たり前の常識に見えるが、歴史的に見れば必ずしも常識であったとは言えない。むしろ人類は長い間、自らの社会と秩序は人間以外の存在によって形作られたと信じていた。神話と神話に支えられた宗教的世界の中で人々は生き、社会のあり方も宗教の枠内で思考していたのである。

この場合、社会は基本的に人間ならぬ神のような、人間を超えた絶対者によって形作られたと考える。従ってこの社会における幸不幸も究極的には人間のあずかりしらぬ神的な領域の出来事になる。

このような思考は基本的に保守的な政治傾向を生み出す。この社会の現にある秩序は人間を超えた神的な領域に根ざす。そのため人間はこれを所与のものとして受け止めるべきで、これを批判したり、あまつさえ革命的に転覆しようなどと考えるべきではないということになる。かつては身分があるのが当たり前で、王族や貴族と庶民は本質的に貴賤の差があると見なされていた。しかし王様も立派な服を剝いだら貧民と大差ないというのは、昔話の定番的モチーフである。王様や貴族が偉いのはただそう見なされて制度として優遇されているからで、個々人として見れば王族や貴族も平民と同じ生身の身体に過ぎない。

つまり身分の差には何の合理性もないはずなのだが、神による秩序というのはこの虚妄のシステムにもっともらしい説得力を与える。こうして人間の社会でありながら、その存在根拠は人間自身にはないという思考様式は連綿として続いてきた。これを否定し、社会は人間の社会だからその基本的な仕組みは他ならぬ人間が作ったのだというのが近代的な思考で、こうした世俗化された近代的思考をパラダイム的な前提にしているために、人間社会は人間の社会なのだから他ならぬ人間自身が作ったのは当然だという認識が現代の我々には常識のように思えるのである。

自然権思想の系譜

もっともこうして基本的に神による創造のような超越的原理を退けるようになっている我々の常識の中にも、なおかつてのような超越的原理が、それとは意識されずに継承されている。その代表が自然権思想である。

自然権思想というのは自然法という形で人為を超えた絶対的な原理があり、それが人権の根拠になっていると考える思想である。

自然法というのは人為的な実定法と区別され、あらゆる法律の根拠とされる究極的な法源である。人権の不可侵性というのがその代表である。

自然法の考えは遡れば古代ギリシアの、ソクラテス以前の哲学者であるヘラクレイトスに行き着く。ヘラクレイトスはこの世界の全てはこの世の始まりから終わりまで偏在するロゴスに従って生起するとした。こうしたロゴス、それはこの世界の理であるがために、ロゴスに従って生きるのが人間にとってふさわしい生き方だとした。この場合、ヘラクレイトスのロゴスは古代ギリシアの神々さえもそれに従わざるを得ないような究極的な原理であって、超越的ではあるが抽象的な哲学原理に過ぎず、後のキリスト教やイスラム教のような人格神とは同一視されていない。

こうしたヘラクレイトスのロゴス論は後のストア派に引き継がれて発展させられた。初期ストア派は独特な唯物論思想を前提にしていて、そこでのロゴスは究極原理ではあるが物質世界を超出するものではなかった。これが後期ストア派に至るとほぼ神に擬せられるようになり、後の人格神との一体化の素地が作られることになった。

近代に至って自然権が唱えられた際も、それが自然であるということは人為以前の秩序だということであり、明示的か暗示的かの違いはあれど、結局は神の創作と見なされた。

しかしこうして世俗化された近代社会での自然権思想は、かつての宗教的社会のように必ずしも保守的な作用をすることはなかった。むしろ基本的人権が人為を超えていると見なすことによって、人権を十分実現し得ていない政治を批判する論拠とすることができ、かえって革新的な思想の根拠にもなった。

現在にあっても憲法改正を主張する人々の中には、基本的人権が「不可侵」であることに異を唱え、基本的人権は決して不可侵ではなく、有事にあっては国家全体のために権利が制限されると考えるべきだと主張する向きもある。例えば現行憲法では公務員による拷問は「絶対に」禁止されているが、これをアメリカが9・11の後にグアンタナモ基地で行なったとされるように、「テロリスト」に対しては官憲による拷問を復活させるべきだということで、そのための足枷となる憲法条項を変える若しくは解釈改憲状態にすることを求めたりしている。

国家権力を強化しようとする保守的な人々にとっては、テロリストだろうが何だろうが人権はあるという自然権的な思考は、かつての宗教的世界とは逆にかえって邪魔になる。そして革新的な人々にとっては、こうした自然権的な理論が右傾化を阻む防波堤になると見なされるわけである。

マルクスの哲学的立場、唯物論

では自然法の存在を認めるかどうかだが、マルクス的な立場からすればどうなるのだろうか？　現在ではマルクスを何らかの形で継承すると自認する政治勢力の多くが改憲ではなくて現行憲法遵守の立場であり、憲法が謳う基本的人権を憲法の字義通りに不可侵なものとして認めているように思われる。つまり自らがマルクスに由来する社会主義的な政治スタンスにあることと、現行憲法が依拠する自然権思想が何ら齟齬を来たすものではないと、深く考えることなくやり過ごしているように見える。しかしこれは明らかにおかしい。マルクス自身の哲学的立場は、どう見ても自然法が前提にあるわけがないからだ。

というのもマルクスの哲学的な立場は唯物論であり、唯物論は通常の形式では、一切の超越を認めないはずだからだ。

「唯物論」という言葉は一般にもよく用いられるが、必ずしも正確な意味で使われているとは限らず、不正確な派生的意味で用いられることも多い。精神的な豊かさよりも物質的な豊富さが大切だというように、「物質主義」的な生活態度を非難する際に用いられもするが、これはよくある誤解の一つである。

唯物論はあくまで世界観の問題であり、この世界をどう見るのかという視点の一つである。この世界の基本的な構成要素を物質的なものと物質的なものと原理的に次元を異にする精神的なものとに分けた場合、物質的なものが基本で根源的であり、精神的なものが副次的で派生的なものとする見方である。

これに対して精神的な要素が物質的な要素に対して根源的で基本的だと考えるのが観念論である。

観念論も唯物論同様に不正確な意味で使われがちな言葉である。例えば実現可能性を考えない、地に足の着いていない理想論を批判する文脈で使われたりする。

観念論も唯物論同様に元々は世界観の問題なので、こうした用法は本来はおかしい。では全く違う話なのかというと、それもまた違う。唯物論は世界観の問題ではあるが、唯物論的な立場からすれば観念論は確かに物質的な基盤に目を向けない、地に足の着いていない空虚な思弁であると非難される余地があるからだ。

このことはそもそも観念論と唯物論の違いを初めて明確に理論化したプラトンの対話篇『ソピステス』で示唆されてもいたことである。

この対話篇の中では、現実に存在するのは「全て物体的なもの」だと見なす人々は古代ギリシア神話の巨人族に引き寄せて、天空のものを巨人が手につかんで地上に引きずり降ろすというイメージで語られている。こうした地にどっしりと足を着けた、地に足の着いていないような思弁を現実的な理論に翻案しようとする唯物論者からすれば、観念論はリアリティのない理想論に過ぎないという批判ももっともである。

ところがプラトン自身は、決して唯物論を擁護しているわけではない。むしろ逆である。プラトンは明確に唯物論を批判している。それは唯物論が巨人族にたとえられていることからも分る。周知のようにギリシア神話の世界では、古い巨人族は、ゼウスを中心とした新しいオリュンポスの神々に平定される運命にある。同じようにプラトンにあっても物事の本質は唯物論者が考えるように地上的な物体的原理ではない。

唯物論は万物が流転するとしたヘラクレイトスの哲学を継承し、事物の本性を絶えざる運動の内に見る。常に動き変化し変転するのが、物質世界の常であり、物事はいつでも時間的な契機の中にある他はない。

これに対して、ヘラクレイトスの運動観を批判したのがパルメニデスである。パルメニデス及び彼を継承するエレア派に拠れば、運動し変化する多の現象世界は、実は死すべき者＝人間の「思いなし」（ドクサ）に過ぎない。これに対して事物の真実（エピステーメー）は、永遠の静止であり、多ではなく一である。運動し変化する現象の根底に永遠の真理を見出すのがパルメニデスの思考様式であり、これをプラトンは継承しているのである。

従ってプラトンにとって物事の物質的側面は、決して根源的な本質ではない。むしろ物質的世界の根底にある、物質を超えた精神的な原理こそが本質である。これをプラトンは物事のイデアや形相と表現する。観念という言葉は、哲学的な専門用語としては翻訳語であり、ドイツ語ならばイデー、英語ではアイデアに当たる言葉である。そしてideaが見た目どおりにイデアを語源とするのは言うまでもない。まさにこうしたイデア的な世界を物質的世界よりも優先させて考えるような思考が観念論なのであり、その古典的な大成者であるプラトン以来、唯物論と観念論は哲学史の主要な対立軸の一つになっているわけである。

唯物論 vs 観念論

では唯物論と観念論のどちらが本流であったのかといえば、観念論である。それはそれぞれの立場が他ならぬ人間をどう位置付けるかという問題を考えてみると分り易い。

唯物論は客観的な実在として存在するのは物質のみだと考える。従って人間とは唯物論的には物質的な身体である。意識はそれが脳とどういう関係にあるのか、脳に付随する現象なのか、意識というものが独自の領域を持って存在していると思うこと自体が一つの錯覚であって、そもそも意識というものそれ自体は存在しないのだ等、様々な考えができる。いずれにせよ脳との関係の正確なあり方は分らないものの、脳が担っている何らかの機能であって、脳が機能を停止すれば意識も消失するというのが唯物論的な人間観になる。

これに対して観念論では、意識は脳という物質的な器官には解消されない独自の実在だと考える。最も典型的で分り易い例は、意識の本質はそれが非物体的な霊魂だという考えである。私の意識は私という自我であり、その本体は私自身である霊魂だということである。そうした霊魂も身体の中にあって、身体の機能を通して意識として発現しているため、身体の不調によって意識が混濁することもあるが、霊魂である意識それ自体は傷付かない。最終的に死によって意識は消失するが、それはあくまで個々の身体において意識としての機能を果たせなくなるだけである。霊魂としての意識である自我それ自体は消滅することなく、どこか次元の違う世界に向かう。その説明は観念論者によって様々だが、古典的な代表者であるプラトンは、ピュタゴラス派の影響を受けて輪廻転生を説いた。輪廻転生のイメージは勿論プラトンに限らず、古代インド思想の影響を受けた東洋の宗教各派では一般的である。キリスト教やイスラム教では転生することなくそのまま眠り続けて、最後の審判の日に復活すると説かれたりする。いずれにせよ意識は物質とは次元の違う独自な実在であり、そのため死は個体の終焉ではないというのが観念論的な人間観である。

人間を身体＋意識だとした際に、意識を身体に還元してその独自な存在次元を否定するのが唯物論であり、人間＝身体＋意識という図式どおりに、物質的身体に還元されない意識という精神の、物質とは異なる独自の次元を主張するのが観念論ということになる。

こうして説明すれば、観念論が哲学の主流であったことが自明となるだろう。それは観念論こそがこれまで哲学者が生活していた社会の常識に合致していたからである。

今日あるような哲学は古代ギリシア世界で生まれたが、古代ギリシア世界の人々は言うまでもなくゼウスやアポロンといった神々の実在を信じていた。哲学者はこの中で神の実在を疑ったり、神が存在するにしても一般大衆が信じているような人間臭い神々ではなく、もっと抽象的な原理のようなものとして捉えたりした。いずれにせよ神の実在を固く信じる人々が人口の多数である中で、神の存在をきっぱりと否定し、物質世界を越えた超越的な原理を否定する論調はどうしても少数者に甘んじる他はなかった。

その後、ギリシア哲学はイスラム世界を通して中世ヨーロッパに伝播し、ここに哲学は大きく発展することになる。しかしやはりここでも、あくまでキリスト教内部での議論の展開で、神の実在は自明とされ、精神的原理の物質的原理に対する絶対的優位という枠内での哲学の展開であり、唯物論の否定はデフォルトだった。

宗教的残滓の徹底的除去

近代になってキリスト教信仰の相対化が進むが、それでも大多数の哲学者は自己の哲学とキリスト教信仰が矛盾しないように気を配るのが常だった。今日では唯物論の代表者の一人と目されるホッブズも、著作の中では神の実在とキリスト教信仰を否定してはいない。それがどの程度本気なのか、本心からか思想弾圧から逃れるための方便なのかは定かではないが、彼自身の言葉では彼の哲学はあくまでキリスト教の枠内のものであり、神への信仰と矛盾するものではないとされている。

このようなかつての状況は、現在の知的環境とは全く異なっている。現在では神の実在を否定することも物質とは異なる精神的次元の実在を否定することも特にどうということのない思想的立場の一表明に過ぎない。しかしこうした唯物論的教説はかつては、宗教信条が社会常識として一般化していた状況が長く続いていたため、その主張者は異端的な少数者に留まらざるを得なかったのである。

マルクスの時代にあってもなお、神の否定と精神的次元の優先性の否定は、社会常識には程遠かった。

マルクスが最も影響を受けた思想家はヘーゲルだが、ヘーゲルは言うまでもなく観念論者であった。しかしその観念論は、精神と物質をただ二元的に対立させるだけではなく、精神的な原理の自己展開という形で物質的な自然世界も説明しようとする野心的なものだった。こうしたヘーゲル哲学の枠内にありながら、ヘーゲルを脱宗教化し、唯物論的に改作しようと試みたのがいわゆる「ヘーゲル左派」といわれる人々である。

マルクスの唯物論はこうしたヘーゲル左派の代表者であるフォイエルバッハの哲学を直接

的に継承するものである。

しかしヘーゲル哲学を唯物論化しようとしたフォイエルバッハにあってなお、宗教信仰の残滓は明確だった。フォイエルバッハは正しく神を人間の本質の対象化と捉えて、そのため神観念は人間自身が作り出したものだとして、唯物論の立場ではっきりとキリスト教信仰を否定したはずだった。こうしたフォイエルバッハの宗教批判こそが、マルクスの資本主義批判の雛形になったのである。フォイエルバッハが神を人間の本質の対象化だと捉えたように、マルクスは資本を労働の疎外された対象化だとしたのである。ところがフォイエルバッハは神への信仰の否定を人間への信仰の再興に取って代えようとした。神を否定して、その代わりに人間を肯定して人間性への愛を謳えば、それで人間社会の現実的困難は解決されるというような議論を展開したのである。

しかし人間が社会の中で受けている悲惨さをなくすためには、まさにその社会そのものをじっくりと観察してその根本構造を理論化しなければいけない。フォイエルバッハのように抽象的に唯物論原理を高唱するだけでは不十分で、社会それ自体についての唯物論的な分析が必要となる。これがまさにマルクスがエンゲルスと共に提唱した「社会についての唯物論的把握」、後に唯物史観とか史的唯物論という名称で一般化された唯物論的な社会観になるのである。

このようにマルクスの唯物史観の前提は、社会問題を徹底的に唯物論的に見つめることであり、フォイエルバッハにあってさえなお拭いきれずにいた宗教的残滓を徹底的に除去することである。

ここから自然権思想や自然法は、旧態的な宗教的蒙昧に対するその啓蒙的役割は大なるものであるのせよ、唯物史観からすれば論理必然的に否定せざるを得ないということになる。

まさに唯物史観こそ、人間社会は人間の社会だからその去就は全て人間の為した業に由来するという、現代社会で常識化している素朴な直観に呼応する社会観の一つだと言える。唯物史観はこうした素朴な直観を自覚的に厳密化し、人間社会の事象は全て人間の為した行い及び、人間が物質的身体としてその本質を共有している自然世界に根ざしたものである他ないと主張する。自然世界の中に人間が築きあげた制度が社会であり、超時間的な普遍的価値と思われるものも、実際は有限な人間社会を超越するものではない。

価値の絶対性と相対性

唯物論的な社会観からすれば、神が存在しないように自然権も自然法も存在しない。しかしこれは、絶対的な価値は存在せず、全ての価値は相対的であるということでもない。

確かに言葉の厳密な意味での、時空を超越し永遠不滅であるというような、まさに神表象がそれに適合するような意味での絶対的価値は存在しない。価値は全て人間社会でのことであって、人類が滅べば全ての価値は消失する。厳密には確かに絶対的ではなく、人間社会内部に限定され、人間にとってのみのことであるという意味では、価値は相対的である。

しかしこれはいわゆる相対主義が正しいということではない。確かに人間社会を超越した永遠不滅の価値は存在しないが、ある価値が真面目に規範として主張される場合は、あたかもそれが永遠であるかのように提唱される必要がある。守っても守らなくてもどちらでもいいような価値は、規範として提起されるのにふさわしくない。「利己的な目的のために人を殺してはいけない」というような規範は、現在に限定されるのでなく、人類が滅亡するまでずっと適応されるべき価値判断である。

今後の人類進化のあり方によって思考パターンそのものが変化し、現在の常識と非常識が逆転するようなことがあるかもしれない。それでも倫理学が主張するような規範的な価値は、人類の歴史が続く限りでそうあるべき規範として主張される必要がある。どのように社会が変わり、社会の変化に応じて人心が移り変わるとしても、利己的目的のために殺人することが許容されたりましてや推奨されたりするような社会になってはいけないというのが、倫理学が提起する規範的価値の含意になる。

この意味で、価値の絶対性というのは、価値が永遠不滅の実在として客観的に存在し続けるという意味ではなくて、ある価値をこれからもずっと保持すべきだという要請である。価値が事実として絶対的であることの発見や承認ではない。価値それ自体は絶対的な客観的実在ではないが、倫理規範として主張される価値は永遠に守るべきという意味では絶対的である。

これが規範的な価値に対する唯物論的な理解として、適切な捉え方になろう。ただこうした価値の捉え方は、マルクス自身及びその後のマルクス主義にあってもかなり曖昧なままに留まっているといえる。というのは、こうした価値の捉え方と、道徳が「イデオロギー的上部構造」だという唯物史観の基本認識との関係が定かではないからだ。

唯物史観に拠れば、道徳はイデオロギー的な意識形態の一つとして、各生産様式に照応しているとされる。各生産様式にはそれに適合した独自の道徳のあり方があるということになる。

私的所有権の絶対性

この観点は、具体的に考えれば分り易い。例えば我々の社会である資本主義では、私的所有権は絶対的に正しく、確実に保護されるべきものだと一般的に意識されている。これは確かに資本主義経済という土台とはっきりと対応している。資本主義は生産手段を私的に所有できるという前提によって成り立っているからである。

私的所有の絶対性という我々のイデオロギー的常識は、専ら個人的な消費手段の所有権が守られるべきだという通念として遍く共有されている。しかし実は、これ自体がイデオロギー的なまやかしである。資本主義という経済秩序の維持にとって、個人的な消費手段の所有権はさして重要ではないからだ。古典的な反マルクス主義宣伝の一つに、共産主義になると自分の持ち物がなくなって何もかも共有になってしまうぞという脅しがある。

確かにマルクスが求めるような理想社会になれば、個々人が不必要な財を過剰に溜め込むのは批判されるだろうが、それは今現在の社会常識にあっても同様だろう。個人が合理的な理由もなく過剰に財を蓄積することは、資本主義にあっても通常は褒められたことではない。ただ現行社会では税金を払えばどれだけ所有しても許されるが、社会主義なり共産主義になれば個人的な財の蓄積に制限が加わるという違いはある。しかしこれは個人的な財の所有を一切禁じるという話ではない。大体何でも共有になどしないほうがいい。歯ブラシや剃刀を共有したら不衛生だし、感染症の危険がある。消費財の共有は必要な限りでなされるべきであり、必要以上に共有してはいけない。基本的に現行のままに個人所有が認められるべきだし、過度な所有欲を批判し、異常な蓄財を禁じるという程度で問題ない。

それなのに、なぜ我々の社会ではこうしたさして重要ではない個人的な消費財の所有に問題の焦点がずらされるのかといえば、それは生産手段の私的所有を擁護するためである。生産手段の私的所有が不可能になれば資本主義は維持できない。このため、生産手段のみならずそもそも私的所有それ自体が不可侵だというイデオロギーによって、資本主義的な経済秩序を維持しようとしているわけである。

このように、確かに道徳にはその社会のイデオロギーとして、その社会の秩序を擁護するという社会的機能がある。そうなると、マルクス主義的な観点からは、資本主義社会までの道徳は新たな社会主義的生産様式によって乗り越えられるべき旧社会の価値観でしかないのであり、道徳とはそれ自体が反動的なイデオロギーであり、専ら批判されて葬り去られるべき対象ということになるのだろうか。

実際そのように主張していたマルクス主義者も少なくなかった。道徳は旧来のように超歴史的な普遍的価値を主張するものとしては否定されるべきであり、許されるのは資本主義を否定して新社会をもたらさんとする勢力に肩入れする「階級道徳」だけだというような議論である。

マルクスの道徳観

しかしこのような階級道徳論それ自体も、それが道徳論である限りで自家撞着《どうちゃく》していた。なぜプロレタリア階級道徳がブルジョア階級道徳より優れているかといえば、プロレタリア道徳のほうが人間にとってより重要だからだという理論方向にならざるを得ないからだ。結局は人間という普遍的概念を持ち出さざるを得ないからであり、道徳というのは善や正義といった、概念それ自体が普遍的な妥当性を志向する理念抜きでは学問として成り立たないからだ。

そのため、「プロレタリア道徳」論は結局、「プロレタリア革命」を教導する政治勢力のプロパガンダとしての意味しか持たず、あってもなくてもいいようなアクセサリー的な役割しか果たさないことになる。実際は道徳や倫理を無視して考慮に入れない政治運動だけが重要だという話になるわけである。

こうしてマルクス主義では伝統的に道徳の問題が軽視されてきた。その理論的根源が、道徳をイデオロギー的上部構造に数え入れたマルクスの唯物史観ということになる。

しかし、重要なのはこれはマルクス自身の道徳観の理解として適切なのか、またマルクスの理解とは別に、マルクスを継承して社会主義的な変革を説く理論にとって適切な問題設定なのかということである。

二つとも違うだろう。普遍的規範を否定するプロレタリア道徳論はマルクス自身の道徳観ではないし、またこうした階級道徳論は社会変革運動に重大な歪みをもたらすのではないかということである。

マルクスが道徳をイデオロギーに数え入れたこと自体は疑い得ない。しかしこれはあくまで道徳が神の命令のように超越的なものではなく、人間自身によって作られたもので、そのため個々人が属するその都度の時代状況に制約されるということを主張するまでに過ぎないのではないかということである。というのは、マルクスは若き日の『経済学・哲学草稿』（1844年）から『資本論』以降も、一貫して「人間の解放」について語っているからだ。『経済学・哲学草稿』についてはその具体的な内容は後で検討するが、マルクスはこの著作の中で繰り返し、疎外された人間性の回復が社会変革運動の本旨であることを述べている。『資本論』以降の成熟した著作であっても、マルクスは常に労働者階級の実現する新社会が、人間性の実現であることを強調していた。

資本主義を超える新社会は、ブルジョアからプロレタリアへの単なる勢力交代ではないということである。社会主義革命は階級支配そのものをなくすのである。階級支配がなぜ否定されるべきかといえば、階級それ自体が人間関係を支配被支配関係に分断するからであり、人間関係を分断することによって連帯という人間的価値を毀損するからである。人間の解放が目的なのであり、革命はそのための手段に過ぎないというのがマルクスの一貫した前提である。つまり普遍的人間概念に規範的な価値を与えているのである。これは伝統的な倫理学的思考そのものである。

従ってマルクスが道徳をイデオロギー的上部構造に数え入れたことからマルクスを道徳否定論者と見なすのは、行き過ぎた解釈である。道徳が上部構造だというのはあくまで道徳の、存在としての社会的な性格である。道徳はいつでも時代的な刻印を帯びるという注意であり、道徳規範それ自体の否定ではない。マルクスは確かに共産主義における人間の解放という規範を説いたが、これは資本主義という時代を乗り越えようとする普遍的な規範である。道徳は常にイデオロギーであってその時代を超えることがないというのならば、資本主義時代を超える共産主義的な解放を説いたマルクスは酷い自己矛盾を犯したことにもなる。

「マルクス主義的道徳論」の誤り

マルクスは確かに若き日以来、徒《いたずら》に道徳的批判を説くのみで適切な社会分析が伴っていない思潮に対して批判を重ねてきた。しかし彼はどこでも、道徳が普遍的な規範を説くことそれ自体を批判することはなかった。労働者の解放を手段とする人間解放という彼のモットーそれ自身と矛盾するからだ。目的としての人間の解放を説くことは普遍的な規範を説くことそのものであり、普遍的な規範を説くことは道徳の基本的なあり方に他ならないからだ。彼が批判したのは、旧来の道徳や倫理が社会的存在としての人間のあり方を適切に捉えられず、典型的なブルジョア的人間像であるロビンソン・クルーソーをあたかも普遍的な人間のあり方だと錯覚してしまったアダム・スミスやその亜流に見られるように、歴史的な文脈を適切に捉えていない議論を展開していたことである。倫理学そのものを否定したり、普遍的規範を否定して階級への帰属のみを重視するような「プロレタリア道徳論」のような道徳否定論に与したりすることはなかったのである。

そしてこうした階級道徳論は、社会を変革していこうとする革命運動にも極めて否定的な作用を及ぼさざるを得ない。

道徳が全て階級の問題に収斂していくのだとすれば、変革を担う労働者階級に与する政治勢力の規範的主張は原理的に善であり、これに反する政治勢力の主張は原理的に悪であるということになる。同じことを言っていても、「プロレタリア代表」の言うことならば善であり、「ブルジョア代表」の言うことならば悪ということにもなる。しかしこれは明らかにおかしいだろう。ある言明が道徳的に適切か不適切かは、その言明の意味内容自体で判断されるべきであり、それが誰によって発せられたかは問題にならないはずである。しかし実際にこのような歪曲がまかり通っていた。

旧ソ連東欧の現実（に存在した）社会主義諸国では、労働者を代表すると自称する政治勢力である共産党が政権を担って政策運営を行なっていた。後で改めて論じるように、ソ連や東独のようなソ連衛星国の共産党は実態的には労働者ではなく、労働者とは切り離された官僚が実権を握って、実際には代表してないのに「労働者代表」の僭称《せんしょう》の下に労働者を支配していた。名目とはいえ、確かに建前上は共産党政権は社会変革の主体であり、社会進歩を促進する勢力だとされた。従ってこうした現実社会主義諸国では反体制であることは社会進歩を妨げる反動的な策動であり、政権批判は直ちに道徳的な悪として断罪された。批判の内容以前に、誰が何を批判しているかということで断罪されたのである。

こうした社会にあっては政権に無批判的に従順であることが善になる。規範がそれ自体の内容で判断されることが許されずに、規範の提起者の社会的属性によってその善し悪しが決定されてしまうことになったら、直ちに現実社会主義の悪夢が再現される。プロレタリア革命を推進する勢力が提唱する「プロレタリア道徳」が善で、反動的なブルジョアジーを代弁する「ブルジョア道徳」が悪だというように、規範の内容それ自体ではなくて、規範提唱者の社会的属性を決定要因にするような「階級道徳」は、その提唱者が政権を握らない内はよいが、握ったら直ちに思想弾圧へと移行せざるを得ない。このような、その勝利が確実に人間性を抑圧することが予想されるような革命運動であってはならないし、そのような「革命勢力」の勝利はむしろ悪夢である。

こうして見ると、マルクスを反道徳論者にしたてて、普遍的規範を提起する通常の道徳を個人の階級帰属を決定因とする「プロレタリア」道徳に取って換わらせようとした旧来の「マルクス主義的道徳論」は、現実社会主義に体現されたマルクス以降のマルクス主義運動が歪められた大きな原因の一つであることは間違いないように思われる。

ここまでで、人間の社会は他ならぬ人間の社会であるが故に、そのあり方は他ならぬ人間自身によって全てが決まっているのであり、社会に偏在する歪みも全て、それを意図したにせよしないにせよ、他ならぬ人間自身の行ないに由来するということが確認できただろうと思う。

「ブルシット・ジョブ」の問題提起

人間社会は人間によって自身のために組織され運営されているものだから、その本来の目的は人間である自分自身、つまり社会を構成する個々人の幸福の実現のためにあるはずだろう。そのため、社会を構成する基本的な組織は押しなべて、こうした目的の実現、個々人の幸福や自己実現のために最も好適に組織されているはずである。ところが実際には全くそうなっていない。確かに現行の社会にあっても、それ以上の改善が望まれないような最適化されたシステムも存在すると思われるが、それはむしろ希少であって、多くはまだまだ改善の余地があるものであり、中には一体なぜこんなにも不合理なものが堂々と罷り通っているのかというような類もある。

こうした明らかに合理性の欠如した社会の仕組みの一端として近年注目を浴びている話題の一つに、惜しくも急逝した（2020年9月2日没）デヴィッド・グレーバーによる「ブルシット・ジョブ」の問題提起がある（酒井隆史・芳賀達彦・森田和樹訳『ブルシット・ジョブ――クソどうでもいい仕事の理論』岩波書店、2020年）。

「ブルシット」というのは直訳すれば「牛の糞」であり、下らないことや出鱈目なことを腐す英語の卑俗表現である。牛の糞が無価値なものの代表にされてしまっているが、これは英語圏の人々の偏見であって、牛の糞はヒンドゥー教徒のインド人にとっては今でも大切であり、乾かして燃料にされたり、建築資材に用いられたりもしている。それはともかく、このブルシット・ジョブは、その意味内容から連想されるように、苦痛に満ちながら低賃金で見返りの少ないような仕事ではない。そういう普通の意味での碌でもない仕事は「シット・ジョブ」と呼ばれて区別される。

ブルシット・ジョブというのは低賃金重労働を意味するのではなくて、あってもなくてもどうでもいいような仕事、社会的な存在意義が皆無な仕事を意味する。

意外なことに、こういう仕事は重労働でも低賃金でもなかったりする。その多くはいわゆる「ホワイトカラー」層が従事する事務的な管理業務で、低賃金どころかむしろ高収入である場合が多いという。

官僚制が必然的にもたらすもの

事務的な管理業務といえば、「中間管理職」と呼ばれる人々が従事するのが典型だが、ブルシット・ジョブはこうした中間管理業務が肥大化した結果、その本来の役割を喪失しているケースで発生し易い。

中間管理職はその種類が少ない内は役割分担も明確で、その実質が伴うものであるが、数が増えていくと一体何をやっている役職なのか分らないものも出てきたりする。これは官僚制それ自体の問題に起因する。官僚制度は元々は組織の合理化のためのもので、役割分担を明確化することによって個々の労働者の負担を減らすはずのものだが、実際にはそうはならない。

官僚制によって産業組織の合理性が増した面があるのは確かで、官僚主義を完全に否定するのは非効率で機能不全な社会をもたらす危険性が大だが、官僚制もそれ自体の力学によって自己展開し、本来の目的である個々の労働者の負担軽減とは関係なく、官僚制度それ自体を自己目的的に複雑化していく。これは中間管理職が典型的にそうであるように、官僚それ自身は決して組織の末端ではなく、組織内の管理職としてある程度の権力を有するため、その組織化の不備が当事者間で強く意識されても、直ちにそれを是正するという圧力が働き難い面が強いということが大きい。組織内での権力を持たない末端の労働者の部署編成がおかしな形であることが意識されれば、大抵直ちに是正される。仮にそうした編成を当事者が愛好し維持しようとしても、これを否定する勢力の組織内の地位が上ならば、力関係から負けざるを得ない。

ということは中間管理職に典型的に現れる非合理な官僚制は、これを監督する上位部署によって直ちに是正されるはずだが、必ずしもそうならない。それはそうした上位部署にもまた、官僚主義の進行が必然的にもたらすような、存在理由の不明確な肩書きが多数存在するからである。

役職者が社長の他に専務や常務だけだったら分り易いが、現在の大企業は押しなべて分り易くはない。一体何をやるのか部外者には判然としない部署の存在も珍しくはない。社長というのが何であるのかは、正確にはともかく、大雑把なイメージとしては大抵は誤解することはない。その会社の代表者であって、共同経営者ということで複数いる場合もあるが、大抵は一人である。現在の大企業ではCEOと称することが多い。しかし副社長となるとどうだろうか。これも古典的には危急時に社長の代理を務めるような役職であって、アメリカの副大統領のように一人だったりする。しかし現在では大抵複数、しかもかなり多くいる場合が多い。同じように専務も常務も大きな企業であれば結構な数いたりする。これらが全て合理的に機能している場合もあるだろうが、官僚主義というのはこういう細分化を必然的に進行させる。結果としていてもいなくてもいいような役職者が大量に現れるのはシステム的な必然となる。

こうした、自分自身の存在理由が不明確な部署に属していながら、自分の下にいる同類に圧力をかけて是正を求めることは、自らの首を絞めることになる。中間管理職にしてそうなのだから、上層の役職者にとってはなおさら、その待遇自体は末端の労働者に比べれば比較的というか、ずっと恵まれている場合が多い。退屈で意義を見出せない仕事であっても、物理的に耐えられない苦役でない限りは、高給や高額報酬を得られるならば、その地位に固執するのはごく自然である。勿論それでも耐えられなくて辞める人も少なくないため、それらの人々の報告を基にグレーバーの本が書かれたわけだが、ブルシット・ジョブに就いた人の全てが直ちに会社自体を辞していくということはなく、辞めるのはむしろ少数である。辞めないで続ける人が多いから、ブルシット・ジョブが存在し続けるのである。

そうはいっても、こうしたブルシットな仕事が存在し、それが縮小して消滅するどころか拡大していくという現状は、誰に取っても好ましくもないのは間違いない。

「今ここにあるコミュニズム」の再発見

ではどうしてこのようなブルシットな仕事が拡大し続けているのかと、ではどうすればこうしたブルシット・ジョブをなくすことができるかだが、この概念を提起して多くの実例を紹介したグレーバーの著作は、この肝心な論点において曖昧である。特に、どうすればブルシット・ジョブをなくせるかという問題についてはベーシック・インカムの有効性をきちんと理論化することなく示唆することと、ケア概念の重要性をこれまた幾分ロマンチックな形で称揚する程度に留まっている。

確かにブルシット・ジョブ拡大の原因を確定するのは難しい。官僚制の問題はその主要原因の一つには間違いないだろうが、これのみが原因でもないだろう。無論官僚主義的な人間関係の組織化が具体的にどのような仕組みでブルシット・ジョブを生み出すかを詳らかにするという作業は、どの社会科学者でも困難だろう。拡大原因が不明確なのだから、解決方法もやはり、これを明確に見出すのは難しい。とはいえ、我々はもう少し具体性を伴った形でブルシット・ジョブを生み出さないような社会のイメージを見出せないものかと考える。ここに現行社会を超える新たな社会のイメージが要請される一つの論拠があるだろう。

グレーバーにも新たな社会のイメージはある。しかしそれは現行の資本主義に換わる新たな社会の提起という形ではない。彼が主張するのは言わば、「今ここにあるコミュニズム」の再発見と、それを育む心のありようといった形での問題提起である。

グレーバーは文化人類学者としての様々な非西洋社会の事例研究を通して、多くの社会でコミュニズムの原理が息づいているとする。それは我々が住むいわゆる先進諸国でも変わりない。コミュニズムは通常共産主義と訳されるが、「各人はその能力において、その必要に応じて」というモットーは有名である。通常はマルクスの言とされ、確かにマルクスは『ゴータ綱領批判』で共産主義、正確には高次段階の共産主義をこのように定義するが、この言葉自体はモレリの『自然の法典』（1755年）以来社会主義者や共産主義者の間で伝統的に用いられてきたものである。

このような分配原則が基底的な経済原理になるような社会をマルクスは求めたのであるが、マルクスの場合は常に視点は生産様式のあり方にあり、経済を土台とする社会システムそれ自体の基本性格が「各人はその能力において、その必要に応じて」という富の分配を可能にするものになっているかどうかが問題になる。これに対してグレーバーはこのモットーを生産様式の問題ではなく、どの社会にあっても偏在している人間関係の一側面として捉え返そうとする。

コミュニズム要素の普遍化

確かに我々の住む資本主義は競争原理が支配し、企業間の利潤追求によって優勝劣敗があり、勝ち抜いて富を得る者もあれば、負けて貧困に喘ぐ者もある。だからといって、資本主義に住む個々人の日常生活が常に相手を出し抜いて勝ち抜くことにのみ専心しているわけでもない。競争社会に住んではいるものの、我々の日常はもっと多様な感情の赴くままにある。時として効率や競争に縛られず、非効率で競争相手の後塵に拝するリスクも含むような振舞いも行なう。相手を思いやるのは自然な人間的感情であり、友人や家族などの人間関係の基本原理でもある。こうした人間関係を取引や打算は支配していない。それぞれが自分のできることを相手の必要に応じて見返りなしに行なうのが普通である。こうした人間関係がコミュニズムなのだとグレーバーは言う。

そしてグレーバーによれば、こうしたコミュニズム的な人間関係は、資本主義社会の企業内にあっても重要な役割を果たしている。確かに資本主義企業の原理は利潤追求であり、コミュニズムではない。しかし企業内の個々の従業員の人間関係にあっては、一々見返りを求めて交渉し合うようなことはなく、ごく自然な形でそれぞれの能力に応じて仕事を行ない仕事に必要なものがそれぞれに分け与えられているという。それはそうするほうがむしろ効率的だからだというのだ。つまり資本主義は社会全体としては確かにコミュニズムを基調とする社会ではないが、コミュニズム要素を明らかに必要としていて、コミュニズムを抑圧したりなくしたりすることはむしろ自らの首を絞めることになるような社会だということだ。そしてグレーバーの話の筋から窺えるように、これは何も現在の先進資本主義に限ったことではなく、どの社会でもコミュニズムは社会に必須の契機として偏在していて、そのあり方が問題になるということである。

こうしてグレーバーの戦略はマルクスをはじめとする旧来のコミュニストのように、社会全体のシステムを共産主義的な生産様式に変革するということではなくて、今現在既に部分的にではあってもコミュニズムが実現されていることを自覚し、このコミュニズム要素を社会全体に普遍化していくということになる。

ケア労働とコミュニズム要素

グレーバーの指摘はコロナ禍の中で「エッセンシャル・ワーカー」が話題になったのと呼

応して、極めて興味深いものである。エッセンシャルな労働というのはまさにブルシット・ジョブと対照的に、それがなければ市民生活の維持が難しくなるような基幹的な労働を意味するのだが、そういう重要な労働がしかし過酷であるにもかかわらず低賃金で十分な社会保障もなされていないような劣悪な環境にあるシット・ジョブであることが指摘されている。

「やりがい搾取」という言葉も改めて注目された。特に善意の努力が搾取されている領域が、医療や福祉という広義の「ケア」にかかわる労働であることは象徴的であった。

こうしたケア労働も、労働である限り賃金を対価に行なわれるのが常である。そこで先ずはこうした人々がその努力と専門的技能にふさわしい対価を得られているか、そうでなければ現状を是正すべきだという話になるが、こうした労働が労働としてはあくまで経済原理の中で行なわれているものの、その内容的な本質にあっては賃金獲得のための労力の提供という資本主義的経済原則とは異質な次元にあることが、重要な論点になる。こうしたケア労働の核心にあるのは他者への奉仕であり、それを支える心性は当然にも他者への思いやりである。このためグレーバーはこうしたケア労働に取り分けコミュニズム要素を見出す。

これまでどの社会にも潜む日常的なコミュニズム要素に正当な光が当てられなかったこととケアの領域が軽視されてきたことは無関係ではない。こうしたケア的な要素が全面化した社会は一種のユートピア的様相を呈するというのは、レベッカ・ソルニットによる「災害ユートピア」論で改めて話題になった。非日常的な危機の最中に火事場泥棒よろしく悪事を働く者もいるが、それはむしろ少数で、多数は平時では見られないような利他的な思いやりを他者に対して示すという。お互いが被害者であるという連帯意識が、各人に潜在するケア的な要素を表出させ、災厄がかえって人間の善を際立たせ、各人が思いやりによる連帯で結ばれる一種のユートピア状況が現出するというものである。

こうしたユートピア状況はあくまで非日常的で一時的なものであり、復興が進むと共に人々はまた元の心理状態に戻ってゆく。グレーバーのコミュニズムはある意味こうした一時的なユートピア状況を日常化しようと求めるものといえる。しかし災害ユートピア的な状況を日常的に永続化することはできない。一時的な非日常だからこそ現れるユートピアであり、常なる災害など誰も望んでいないのである。

だからこそではどのようにユートピアを現実のものとするのかというビジョンが求められるが、生産様式概念を拒否するグレーバーはケアが大事だとかベーシック・インカムの可能性を示唆するといったような断片的な議論しか示すことができない。これはマルクスのように変革された社会のグランドデザインを示すことを否定したため、原理上そうなってしまうのである。

マルクスにとって核心的に重要だった要素

では当のマルクスの共産主義論ではグレーバーが重視するケアや思いやりといった要素はどう扱われているかだが、実はグレーバーの見立てとは対照的に、まさにそれこそが共産主義的人間の基本心性であるかのごとく重視されているのである。それはマルクスが共産主義の原理を「ゲノッセンシャフト」という言葉で言い表していることからも明らかである。このゲノッセンシャフトというのが何なのかは後に詳論するが、ともあれグレーバーのマルクス理解ではそれこそがマルクスに欠けていたものだと思われていた要素が、実はむしろマルクスにとっても核心的に重要だった可能性が高い。つまりマルクスは、それまでの社会では周辺的な要素に貶められてきた他者へのケアや家族的な連帯という要素が生産様式として社会の基本システムとなるような未来として、共産主義を考えていた公算が高いということである。

ともあれ、ここで重要なことは、やはりある理念が現実的に作動するためには、社会それ自体がその理念に沿った形で再編成される必要があるということだ。個人の心掛けや実践は重要だが、社会それ自体がそうした実践を促進するような形で編成されなければ、個人の善意や個別的な実践が全社会的に普遍化される可能性は低い。それは資本主義という社会が根本的に変化し、人々が日々の金勘定に煩わされることがなくならない限り、個人の利益追求や営利競争に勝ち抜くというような心性が全面的に克服されないのと同じである。つまりケアや思いやりという「共産主義的心性」が各人の心に普遍化されるためには、そうした心性を核とするような社会にならなければいけないということである。それは結局、生産様式の次元で社会が変革されなければいけないということである。一言でいえば、共産主義とはやはりグレーバーではなくマルクスが追求したような、経済という社会の土台そのもののあり方だということである。

ではマルクス的な観点からはブルシット・ジョブはどう捉え返せるかだが、先ず何よりも経済の次元に注目して、生産様式という観点から社会を見るということである。

ブルシット・ジョブは、それがなくても社会それ自体には大きな損失を与えることのない仕事である。その意味で、そうした仕事が存立できる社会は、無駄を維持できるまでに豊かな、経済的に余裕がある社会だということである。確かにグレーバーの言うようにこうしたブルシット・ジョブは今よりも生産力の低い社会にも存在したし、古代社会にもそれに相当するものがあると見ることもできる。しかし現在はこうしたブルシット・ジョブが大規模に全体に浸透している社会として、かつての低生産力社会とは区別される。そして今問題になっているブルシット・ジョブは、こうした現在の物質的には豊かさを実現しえた社会ならではの人間関係の無駄な組織化のことだと思われる。

ブルシット・ジョブはそれを見て明らかに無駄だと思う第三者のみならず、それに従事している多くの人々に、自らの仕事が無駄だと自覚されるような仕事である。しかしその仕事の多くはシット・ジョブのように低賃金ではなく、むしろ高収入であり、そのため自らのやっていることが無駄だと思いつつも辞めずに続ける人が多いような仕事である。こうした仕事の組織的背景が官僚制の自己肥大傾向にあるわけだが、こうして自己肥大化する官僚制度は、その本来の目的である社会制度の合理的な組織化という目的から逸脱して、その反対物に転化してしまっている。

こうした転倒、人間が自らの作ったもの、この場合は社会の組織化だが、こうした広い意味での社会の生産物が、作り手の意図を離れて、作り手の本来の意図にむしろ敵対的に対向する事態を、マルクスは疎外と名付けた。そしてこうした疎外は、社会の土台である経済関係を中心的に規定する社会の生産力それ自体が疎外されていることから、社会の全領域にわたる社会それ自体の基本的な運命なのだとした。

「分業」と「協働」の違い

社会を規定する主要契機である生産力がこれまでの社会では疎外され続けていることを、マルクスは次のように説明する。

社会的な力、すなわち幾倍にもされた生産力――それは分業において制約された様々に区別された諸個人の協働によって成り立っている――は、それらの諸個人には協働そのものが自由意志的ではなく、自然成長的であるために、彼らに固有の、連合された力としてではなく、一つの疎遠な、彼らの外に成立している強力として現れる。この強力について彼らはその来し方行く末を知らず、その強力を彼らはかくしてもはや支配できないばかりか、その強力は反対に今や一つの固有の、人間の意欲や動向からは独立した、それどころかこの意欲と動向を先ずは支配管理する諸局面と発展諸段階の系列をへ巡るのである。

（『ドイツ・イデオロギー』）

生産力は分業的に編成された諸個人の協働によって成り立っているとされる。「分業」と「協働」は日本語の語感としては似ているが、ドイツ語の原語では全く違った言葉である。分業はTeilung der Arbeitであり、協働はZusammenwirkungである。Teilung der Arbeitは英語ではdivision of laborであり、労働を分割することである。労働を分割するという意味での分業によって生産性が向上するというのは、アダム・スミスの『国富論』冒頭のピン製造の話で強調された有名な論点である。ピンを全て一人で作ろうとすれば膨大な労力を必要とするというか、鉄鉱石を採掘するというところまで視野に入れるとそもそも一人でできることではないが、それにしても作業工程を分割すればするほど短時間で大量に作れるのは直観的に分り易く、こうした分業こそが文明の基礎だとスミスが考えたのも大いに頷けるところである。

これに対してZusammenwirkungのzusammenは相互にとかお互いにという意味であり、Wirkungは作用という意味になる。直訳すると協働ではなく「相互作用」になる。つまり労働というのは本質的に一人ではなく複数でやるものであり、労働とはそれを行なうことによって労働者が相互に影響を与え合ってそれぞれに自己を陶冶して行くようなものだということである。こうしたことからも、マルクスが労働に高い価値を与えていることが窺えるが、この点で同じく労働の本質を語っている『資本論』の労働過程論はこうした協働としての労働とは位相が異なっている。

労働過程論についての『資本論』での描写は、複数人のZusammenwirkungではなく、ただ一人の人間が自然に立ち向かうという形になっている。これは現実には存在しない労働のあり方であり、労働の自然加工過程としての側面を浮き立たせるために敢えて為された抽象化である。現実の労働は常にZusammenwirkungとしての協働である他はない。

こうした分業的な協働によって生産力はそうした分業的編成を経ないよりも何倍にも高められるのだが、そうした高度生産力を実現している協働＝労働を担っている主体である当の労働者には、自らの労働過程が自らの意志に従う形でコントロールされていない。そのため、こうした生産力の性格は「自然成長的」なものになっている。ここで自然成長的というのは、協働する労働者の意志から独立して、まるで植物が自生するかのように、独自に展開していくという意味である。分業によって巨大化した生産力は労働者自身の力――それが労働者の力になっていた場合は労働の本質が協働であるために、その本質が他者との連帯を志向する共同的存在である人間にふさわしい「連合した力」になるのだが――、労働過程がコントロールされていないために生じる生産力の自然成長性によって、生産力は労働者から疎外されて自らの作り手である労働者から独立した外的な強力になってしまう。

官僚制自己肥大化の本質

この強力は疎外された労働の対象化であるために、作り手である労働者＝人間自身に支配されないばかりか、作り手である人間の意欲や動向を支配管理するのだという。更には、この支配管理はそれ自体が自立的な運動体のように、人間の意欲や動向を無視する形で独自の論理に従って展開していくのだという。

まさにこれがブルシット・ジョブとその背後にある官僚制の自己肥大化の本質ではないだろうか。ブルシット・ジョブは官僚制の独自論理に支えられて現代社会の宿痾《しゅくあ》となっている。ブルシット・ジョブはブルシットとはいえジョブである限り仕事であり、仕事の実体は労働である。労働は担い手である労働者によって営まれるものであり、労働者は誰も自らの労働をブルシットなものにしたくない。しかし我々の社会である資本主義にあっては、こうした労働者の意欲や動向とは対立するような労働の組織化は日常茶飯である。それは資本主義で、それどころかマルクスに拠れば資本主義に限らず共産主義的な変革以前の「人類の前史」たるこれまでの社会全般で、労働が当の労働者のものにならないという巨大な「転倒」が起き続けているということである。これはどういうことか。

どの社会であっても、生産活動を担っているのは実際に労働をする労働者である。それは生産とはモノ（物体的な物に限らない広義の生産物）を作る行為という意味では、労働を結果から見て言い直したものだからである。同じ行為を過程から見れば労働であり、結果から見れば生産である。

従って我々の生きている資本主義社会でも、生産を担っているのは労働者であり、生産過程の中核にあるのは労働者が労働を行なう過程である労働過程である。労働過程は労働者が労働を実現する過程であり、その意味で、労働過程の主体は定義上労働者である。そしてどのような社会も生産によって維持され支えられているのだから、どの社会でもその中心には労働過程がある。社会の中心に労働過程があり、労働過程の主体は労働者なのだから、人間社会というのは、それ自体がそもそも原理的に労働者が中心となって営まれていなければおかしいはずである。

ところが現実は決してそうではなかった。奴隷制社会は明らかに奴隷労働によって支えられていて、奴隷の行なう労働こそがその社会の中心的な構成要素だった。そして奴隷労働の主体は文字通り奴隷である。では奴隷制社会は奴隷が中心となって営まれていたのかといえば、全くそうではない。奴隷制社会の支配的なアクターは奴隷ではなく奴隷主であり、奴隷を所有し監督する貴族や市民が奴隷制社会全体を運営する主体であった。そして現実の生産を実現している「本来の主体」である奴隷は、社会的生産関係全体の主体である奴隷主に「生きた道具」として生産手段の一要素へと客体化されていた。主体であるはずの労働者が奴隷として客体化されて、客体化された労働者が生きた生産用具として用いられて社会が運営されていたのが奴隷制社会であった。

まさにここには明確な主客の転倒がある。こうした主客の転倒によって、労働者の作り出す生産力が「疎遠な強力」へと転化していたのである。

形を変えた奴隷制社会

では我々の社会である資本主義ではどうなのか?

言うまでもなく我々の社会でもその土台となるのは生産活動を中心とした経済の領域であり、経済の中心はどの社会もそうであるように、労働過程である。しかし資本主義社会は労働者ではなく資本とその人格化である資本家が生産の主体となっている社会だから資本主義というのである。当然労働者は社会的な総生産のための手段として、生産を実現する用具として、生きた身体的存在なのに生のない道具と並び立つ生きた道具として、客体化されている。こうして我々の社会である資本主義も、確かに奴隷制社会にはなかった市民的自由を実現し得てはいるものの、労働過程それ自体が社会的総生産過程の手段になってしまっていて、そのため労働過程の主体である労働者は総生産過程の主体である資本によって手段として客体化されている。本来主体であるべき労働者が労働者以外の他者によって客体化されている。主体であるべきものが客体になっているという転倒構造が続いているという意味では、我々の社会もまた形を変えた奴隷制社会ということになる。

まさにこの転倒によって、経済が人間の生活の土台を支える基本的な営みであるにふさわしく人間自身の意欲と動向に従うようにコントロールされていないのである。そしてこのことが、ブルシット・ジョブのみならず、経済現象の中にある数々の不合理な事態の発生原因だと考えられる。

ではどうすればいいかだが、まさにこの転倒をひっくり返せばよい。しかしそれが決して簡単にはできないことこそが、本当の問題なのである。というのは、生産力、実はこれはマルクスに拠れば、経済活動の面に着目してみた際の人間の本質的なポテンシャルを意味する「人間の本質的な諸力」(『ドイツ・イデオロギー』)なのだが、この生産力がその作り手である人間自身から独立して創造主である人間にむしろ敵対的に対向する事態は、人間が意図せずしてそうしてしまう、その意味では無意識的な過程なのである。そしてこの無意識的に生み出してしまう疎外こそが、主客転倒構造と相即的なのだ。その関係は、一度構造として確立した後には主客転倒関係が疎外を生み出し促進させても行くが、この構造自体はしかし生産力の疎外を起源とするものである。後に改めて再論するように、マルクスはこのことを、既に彼の経済学研究の最初期の成果である『経済学・哲学草稿』で、思考図式としては確立していた。すなわち、現行の資本主義（という概念自体は当時はまだ確立していないが）が疎外を生み出すように見えてもそれは現象面であって、本質的には疎外が資本を生み出すのであると。そして生み出された資本はそれが一度確立した後は、疎外を生み出す原動力に転じるのだと。まさに我々の社会の主客転倒構造が、ブルシット・ジョブに限らない合理性を欠いた経済事象の発生源になっているのである。

そしてこの若き日のマルクスの認識は、問題の解決方向を指し示すと共に、問題の解決が極めて困難でもあることを示唆する。経済の転倒構造による資本の支配が問題の焦点だとしても、資本の原因は疎外であり、疎外とは疎外された労働である。つまり労働者自身が敵であるはずの資本を生み出し、自らの創造物によって支配されているのである。敵が外的な他者ならば、ただそれと戦って打倒すればいい。しかし敵は実は自分自身だとしたら、どうすればいいのだろうか。これは本当に困難な問題である。

解決の方向としては、先ずはこの事実を人々が広く認識することだろう。人間は自らの産物、これは制度も含めて最大限広い意味であるが、そうした自らの作り出したモノに自らの意に反して支配されてしまう傾向を持つ存在だということ。この意味で、人間の社会と歴史における疎外現象の普遍性に万人が気づくこと。それにより、疎外されない生産と社会全体のあり方を模索する想像力を陶冶することである。こうした想像力の欠如した政治実践では、人間を真に人間的な社会に導くことは難しいのではないかと思われるのである。

2章

ワーキングプア

現代の奴隷制と階級の視点

転倒した人間関係

我々の生きる社会は資本主義であり、資本主義では本来そうあるべき人間関係が転倒している。本来あるべき社会とは、社会を維持し発展させていく生産の主体である労働者が、実際に社会的総生産関係の主体となっている社会である。資本と資本の人格化である資本家が生産の主体となる社会ではなくて、連帯した労働者が主体となって、ヒエラルキー的な支配ではなくて水平的な協議関係によって生産を導き、社会全体を運営するようなあり方が、本来あるべき人間関係である。

しかしこうした人間関係の転倒は何も資本主義に限られることはなく、これまでの社会の基本的な趨勢だった。共同体の中で各人がギリギリの生存を維持できるだけだった低生産力状態を脱し、貧富の差が生じるような富の蓄積が可能になるまでの生産力段階に達して以来、働く者は「働かされる者」になり、自らは働かない少数者が働く多数者を支配し搾取するのが人間関係の基本的趨勢になった。王や貴族は生産労働を行なわないが、生産労働を行なう人々の頭上に君臨し、自らの僕《しもべ》が働いて作り出した果実を先ずは自分たちで存分に掠め取り、余った残りを、そもそもそれを作り出した下々に分け与える。

勿論古代の奴隷制や中世の封建制と現在の資本主義は違っている。その本質においては等しく転倒した人間関係ではあるものの、かつては選択の余地のない強制が、下の身分の者に課せられた運命だった。奴隷や農奴はボイコットやストライキをすることは許されなかった。自らに課せられた生業を遂行しなければ、暴力的に制裁が加えられた。彼らには端的な意味で、自由が欠けていた。

しかし現在の労働者は違う。働くも働かないも個人の自由である。働かないからといって主人に殴られることもなければ、領主に折檻されることもない。労働をボイコットしても精々馘《くび》になるだけで、雇い主がヤクザ者を使って肉体的な暴力を加えたりでもしようものなら、逆に刑事罰が科せられるのである。そしてストライキの行使は今や憲法上の権利ですらある。現在の労働者は法律上は自由な身分であり、誰にも隷属させられていない。この違いは決定的に重要だし、法律上の形式において個人が自由な存在だと規定されたことそれ自体は、人類史上の偉大な歴史的成果である。

賃金奴隷制への批判

ては白由な現代人は、かつては暴力的に強制された労働を行なわなくていいのかといえば、決してそうはなっていないのである。

確かに我々は働きたくなければ働かなくてよい。しかし働けるのに働かないでいると、殆どの人が消費手段を得ることができず、最終的には餓死してしまう。勿論例外はある。先祖代々広大な土地を相続し続けていて、生まれてから死ぬまで莫大な不労所得が保証されているような場合である。しかしこういう例は原理的に人口の少数である。働かないで済む人は直接的または間接的に働いている人々に寄生しているためである。大きな母体があるからこそ寄生できるのは、人間も昆虫も変わらないのである。

そうなると、確かに我々は法律上の形式においては自由であり、かつてのように労働を自分以外の他者から暴力的に強制させられることはないが、障害があるなどの理由で恒常的な政府サービスを受けられるというような話でなければ、死なないためには結局労働を強制される他はないのである。

古代の奴隷は文字通りに身体を丸ごと売買されて他者の所有物となった。現代の労働者は自ら望んでも奴隷になることはできないが、生きるために労働を強制されるという点では奴隷と同じである。資本主義は確かに奴隷制ではないが、社会の主要な構成員である労働者が賃金を求めて労働を余儀なくされるという点では、形を変えた奴隷制と見なしうる。現代の奴隷は形式的に自由で、首に名札をぶらさげられることはないが、実質的には賃金のために選択の余地なく働かされる。形式的には奴隷ではないが、実質的には「賃金奴隷」という新たな奴隷なのである。法律的な形式の上では古代的な奴隷的隷属を完全に否定したはずの近代社会は、その経済的土台が資本主義であるために、否定したはずの個人の他者への隷属を、実際には存続させ続けているわけである。

この「賃金奴隷制」への批判は『資本論』の前提となる認識だが、マルクスが経済学研究を本格的に始めた『経済学・哲学草稿』で既に、まだ「資本主義」という概念それ自体を確立していない時期でありながら、むしろ『資本論』の基本的な論理構造の紐解きとなるような形で詳しく議論されている。加えて『資本論』ではある理由で禁欲気味になっている規範的な観点、すなわち、労働者が自由を奪われ資本――『経済学・哲学草稿』ではまだこの概念は『資本論』のように明確な理論的位置付けが与えられてはいないものの――、労働者以外の他者に隷属してしまうのが何故悪いのかという議論が、自覚的に展開されている。マルクス理論の全体像を理解するためには『資本論』だけでは不十分である。『経済学・哲学草稿』の中心となる「疎外された労働」の議論をしっかりとつかむことなしには、マルクスによる資本主義批判の真髄を理解することはできない。この章では簡単であっても、若きマルクスによる批判的な経済学理論がどのようなものであるかを見てみることにしたい。

経済学に取り組んだ理由

そもそも何故マルクスは経済学を研究するようになったのだろうか？　思想家には自伝を積極的に語りたがる人と、そうでない人がいる。自伝で有名なJ・S・ミルなどは前者の代表例だろうが、マルクスはあるところ（「フォークト氏」）で、自分語りを禁欲している旨を述べている。そんなマルクスであるが、運よく彼自身の理論的歩みを高濃度で振り返った自伝的著述がある。それはマルクスが40を過ぎた頃に出版した『経済学批判』（1859年）の「序言」である。

この序言は一般にマルクスの歴史観である唯物史観または史的唯物論の「定式」が収められていることで名高い。確かにこの定式は決定的に重要であり、これ抜きではマルクスを語ること自体ができないものではあるが、この定式を導く形の前振りで語られるマルクス自身の思想的歩みの総括的叙述も、定式に劣らず重要である。

この短い思想的自伝によるとマルクスは、法曹だった父親の意を汲む形で法学部に進学したが、端から父親のように弁護士になろうという気はなく、むしろ哲学こそが青年マルクスの主要な関心事だった。この自伝だけを読むと、マルクスは法学部生時代に法学に全然関心がなかったように思えるが、これは事実ではない。実際はマルクスは、法学生というよりも哲学徒としての関心からではあるが、積極的に法学を学び、自分なりの法哲学体系を築こうという野心を燃やしていたのである。

現在の我々が法哲学と聞けば直ちにヘーゲルを連想するが、当時の青年マルクスはむしろカントやフィヒテの法哲学体系を念頭に置いて、これを元に自分独自の理論を作ろうとしていた。当時はヘーゲル哲学が隆盛だったのに、青年哲学徒がいきなりこれに飛びつかずに敢えて先行者であるカントやフィヒテに着目するのは意外な気がするが、これはカント主義者だった父親の影響があったのかもしれない。

しかしこうした青年マルクスの試みは挫折する。それは当時のマルクスの述懐によると、カントのように実現可能性を捨象した統制的理念を前面に打ち出すような理論体系では、現実世界のダイナミズムをつかむことが原理的にできないと痛感されたからである。必要とされるのは現実に内在し、現実世界の運動の展開それ自体が理想の実現過程であるような理論展開をする哲学である。まさにこれこそが、現実の中に理性の自己展開を見出したヘーゲルの立場そのものだったのである。

こうしてマルクスは理想と現実の適切な理論的配置を求めてヘーゲル主義者になったわけである。

ヘーゲル主義の根本的限界を痛感

以降マルクスはヘーゲル主義者として、何を考えるにも先ずはヘーゲルのフィルターを通して現実を見つめることになる。そして彼の初発の問題関心が独自の法哲学体系の構築にあったように、彼の問題関心は理論的生涯の始めから終わりまで、現にある社会と社会の中にある人間のあり方であった。人間は社会的存在として、個人の生と彼/彼女の属する社会のあり方は切り離せない。個人が自己実現できるためには社会がそれにふさわしいものになっている必要がある。社会のあり方を捨象して内面的な精神的領域のみを問題にすればいいという観点は、10代のマルクスにも60代のマルクスにも存在しなかった。始めから彼は社会的存在としての人間が自己実現できる社会とはどのようなものであり、どうすればそれに到達できるかということを問題にしていた。

マルクス思想の哲学的核心は終始一貫社会理論であり、彼の哲学は基本的に社会哲学である。この意味で、後のマルクス主義思潮が抽象的な宇宙論を前面に打ち出した「弁証法的唯物論」のような形而上学的な体系化を目指したのは、奇妙である。少なくともマルクス自身の意図とは乖離したものであったのは間違いない。

ともあれ、社会哲学者としての若きマルクスは『ライン新聞』の編集長としてジャーナリズムの分野で健筆を振るう内に、自らの拠って立つヘーゲル主義の根本的限界を痛感せざるを得なくなった。

ヘーゲルの立場で社会を考えるということは、市民社会の矛盾が国家によって止揚されると見なすことである。実際、ヘーゲル主義者だったマルクスの『ライン新聞』での論説の基本論調は、各人が市民としての私的利害に囚われることなく、国家の一員としての公人意識を高く掲げて社会の諸問題を解決するように、個々人の意識変革を促す啓蒙活動というものだった。

しかしマルクスは、こうしたヘーゲル的な国家主義と、先輩研究者であるヘーゲル左派のブルーノ・バウアーに通ずるような、高度な自己意識による遅れた大衆への啓蒙という路線では、実際に社会の諸矛盾を止揚することなどできないことに気付かされるのである。それは人間はどこまで行っても建前の美辞麗句とは裏腹に、経済的利害の虜に過ぎないからである。政治に携わる者は常に個人的利害を超えた普遍的な価値を高唱したがるが、その本音のありかはいつも自らの支持基盤の経済的現実であり、自らの階級的出自である。

地主は土地所有の絶対的正当性と恒久的な地代の取得を求める。偶々広大な土地を先祖から受け継げただけの理由で、殆どの労働者が絶対手にできないような不労所得を得られ続けるのは普通に考えて不当であるが、土地所有階級に属する人々は、自らの階級的利害を死守するための政治勢力を組織し、応援するのが常である。旧世代の貴族にありがちなこうした土地所有に対して新興ブルジョアジーは批判的だが、彼らは彼らで自らの利害のために商業の自由と労働者の搾取を正当化するイデオロギーを作り上げ、こうしたイデオロギーを喧伝する政治勢力を組織し応援する。いずれの政治勢力も自らが特殊利害を超越した普遍的人類史的価値を体現していると僭称しているが、その実体は特殊な階級的利害への奉仕に過ぎない。これがマルクスが市民社会の中に認めた現実だった。

市民社会の実体的本質が経済

こうしてマルクスは市民社会の実体的本質は、それが経済を中心に組織され、経済原理によって主要に規定されるような人間社会の領域だということに気付いた。そして経済的利害は人間行動の主要な行動規範であり、政治的意識の啓蒙では人々の行動を望ましい方向に導くことはできないことを痛感せざるを得なかったのである。

このため、否定的な現実を生み出すような市民社会のあり方は、市民社会の土台である経済領域の否定性に起因するのであり、この否定性を是正するためには、経済システムをそのままにしておいてヘーゲルが構想したように何らかの中間団体を作って経済活動の矛盾を緩和するだけでは不十分だし、『ライン新聞』時代のヘーゲル主義者だった若きマルクスが行なっていたように、国民としての公民意識を宣揚するのも基本的に無力である。市民社会の否定的現実を変えるには市民社会そのものを、取り分けその土台的な実体である経済の仕組みを根本的に変えなければならないのである。

経済の仕組みを根本的に変えるためには、先ずはそれが何であるかを理解しないといけない。これがマルクスが経済学研究を始めた初発の動機である。そしてその研究は膨大なものに膨れ上がり、浩瀚《こうかん》な『資本論』ですら、マルクスが当初計画していた経済学体系プランの一部を実現したものに過ぎなかった。しかもマルクスは経済学以外にも様々な分野で多角的な著作計画を持っていた。私がここでこうして書いている哲学的な著作活動も、成熟したマルクスの研究プランの中に含まれていた。しかし有限な時間の中で、それらの計画の殆どは叶えられずに終わった。しかしマルクスの著作は、今現在に残されたものだけでも現代社会を考える上でのヒントに満ち溢れている。

そしてマルクスが経済学を研究するに当たって保持していた基本スタンスは、既に研究の開始時点から、現行の経済は人間が本来営むべきあり方ではなく、より発展した形に是正されなければいけないという確信であった。そしてマルクスにとって経済学研究とは、この確信の理由を説得的に論証するためのものだった。現にある経済のあり方が既に十分合理的であったり、そもそも人間本性にかなった仕組みになっているというのならば、それを根本的に変える必要はない。もしそうならば、変えることは人間の本性に逆らうことだから、むしろ変えないほうがいい。しかし現にある経済のあり方が、人間本来のあり方から疎隔しているのならば、それは否定されなければならず、人間にふさわしい本来のあり方に是正されなければならない。

ありえない異常事態

人間が本来そうあるべきあり方から隔たっているというのは、人間が自らの本質から疎外されているということである。人間の本質が疎外されていないということは、人間が自らの活動の趨勢を自ら自身の意志で決定できるということである。マルクスによれば、人間の本質は静態的なものではなく、活動的でエネルギッシュな要素である。従って活動的な人間の本質が疎外されている時、人間の活動とその成果は、その担い手であり作り手である人間自身の意志から独立して、むしろ敵対的に対向するものになる。こうした経済のあり方はまさに人間のあるべきあり方から疎外されている。もし現行の経済秩序がこうした疎外されたあり方ならば、それは当然に変更されなければならない。そしてマルクスが主要な研究対象とした資本主義社会こそがまさに、そうした人間活動の疎外の最たるものだった。なぜなら資本それ自体が、作り手である労働者の手から離れて、むしろ労働者を自己の増殖のための手段として使うようになった生産手段だからである。このことをマルクスは事あるごとに繰り返しているが、最も端的な文章の一つはこのようになる。

資本主義的生産を特徴づけているのは一般に、労働諸条件が自立化し、人格化し、生きている労働に立ち向かうということ、労働者が労働諸条件を使うのではなくて、労働諸条件が労働者を使うのだ、ということである。まさにそのことによって労働諸条件は資本になるのであり、労働諸条件を所有している商品所持者が労働者に対立して資本家になるのである。

（『資本論』の草稿）

これではまるで作り手の意図に反して作り手を逆に支配してしまうような、よくあるSF的なモチーフの怪物物語だが、実際マルクスは資本とは怪物だと言っているのである。つまり資本主義的な生産活動においては、

もはや労働者が生産諸手段を使うのではなく、生産諸手段が労働者を使用する。生産諸手段は労働者によって彼の生産的活動の素材的諸要素として消費される代わりに、生産諸手段が労働者を、生産諸手段自身の酵素として消費する。（『資本論』）

労働者が生産諸手段を使うのは、字義的に当たり前のことである。なぜなら生産手段とは労働を実現するための手段であり、労働を実現するのは労働者だからである。もっと言えば、人間を労働を実現する主体という面から規定した概念が労働者だから、労働者が生産手段を使うというのは既に労働者概念の内に含まれている。これに対して生産手段が労働者を使用するというのは本来ありえない異常事態である。それは生産手段の定義それ自体の内に、「労働者によって使われるための手段」という内容が含まれているからである。

しかしこのありえない転倒が起きているのが資本主義だということである。本来のあり方においては、生産手段は労働者によって使われて減耗していく。ここでマルクスはアリスト

テレス的な形相と質料の対立図式を用いて、生産手段は実現された労働という形式（形相）の実体的な構成要素としての内容（質料）だとしながら、形式を実現するために減耗しながらも常に補充され続ける必要のある内容的な素材として生産手段を捉えている。この意味で、生産手段とは客観的な物体であり、本来道具としての単なる物に過ぎないというのが、マルクスの労働概念である。

ところが資本主義的転倒にあっては、手段としての生命のない死んだ物であるはずの労働手段が生命ある主体となって、本来の主体であるはずの労働者をむしろ客体にして、自己増殖のための手段とするのである。労働者は資本という怪物に飲み込まれて、怪物が成長するための消化酵素のような働きをするといっているのである。まさに怪物の比喩によってマルクスは資本の本質を説明しているのだ。

「自己増殖する価値」の怪物

本当にこんな「ベタな」SF的イメージをマルクスが使っているとは俄かには信じがたいところだが、実際これは私の妄想ではないのである。

資本家は貨幣を、新しい生産物の素材形成者または労働過程の諸構成要素に仕える商品に変えることによって、商品の死せる対象性に生きている労働力を同化させることによって、彼は価値を、過去の、対象化されて、死んだ労働を資本に、自分自身で増殖する価値に、胸に恋を抱いているかのように、〝働き〟始める、魂を吹き込まれた怪物に、変える。

（『資本論』）

資本家は貨幣で労働力の提供者である労働者自身も含む労働過程を構成する諸要素を商品として購入し、労働過程の本来の主体である労働者を客体にして、資本主義的な生産過程の手段としての労働過程を実現する。商品それ自体は労働者の過去労働の対象化であり、それ自身は自己増殖するような生命を持たず、死んだ物に過ぎないが、この商品という死んだ労働を資本家は資本主義的に客体化された労働過程に投ずることによって、死んで静止した価値から生きて増殖する価値に変えることができる。この「自己増殖する価値」が資本であり、その目的はがん細胞と同じに増殖することそれ自体である。つまり資本とはマルクスによれば「自分自身で増殖する価値に、胸に恋を抱いているかのように、〝働き〟始める、魂を吹き込まれた怪物」に他ならないのである。

ここで注意したいのは、この引用文ではこうした怪物としての資本を資本家が作り出すとは書かれていることである。これはフランケンシュタイン博士がモンスターを作り出すのとは話が違っている。マルクス的には、フランケンシュタイン博士自体が、モンスターによって自身を作り出すために創造されたという話になるからである。つまり、資本家が労働過程に商品を投入して資本を作り出すのは、そういう生産様式にあって資本家という地位にいたら必然的にそうせざるを得ない役割を押し付けられるということである。フランケンシュタイン博士はモンスターを作ることも作らないこともできるが、資本というモンスターにとって資本家というフランケンシュタイン博士は、物語のフランケンシュタイン博士とは異なる。資本家フランケンシュタインには、モンスター資本を作り出すための投資活動をする以外に選択肢がないのである。資本家は資本主義という生産様式内部にあっては、人格化された資本に過ぎない。個々の人格としての資本家が資本蓄積活動を辞めても、別の資本家が同じ役割を担うだけである。その意味で、資本主義社会にあっては、個々の資本家に労働者搾取の責任を帰すことはできないのだ。

　このことをマルクスは『資本論』初版の序文で断りを入れている。これはマルクスの批判があくまでシステムに対する批判であって、システムを担っている個人への批判ではないということである。この意味で、マルクスはブルジョアを憎み敵視していたという、彼によく向けられる通俗的偏見を予め予期していた面があったということだ。マルクスが憎んだのはブルジョア社会なのであって、個々の資本家ではないのである。

資本の源泉は他ならぬ労働者である

またこのことは社会変革運動面でも重大な帰結をもたらす。もし搾取の原因がシステムではなくて個人にあるのだとしたら、個人に対するテロが正当化されてしまう。実際に文化大革命では反革命とされた個々人に苛烈な暴力が加えられて、中国社会に深刻な荒廃をもたらしてしまった。個々の資本家を免責しているマルクス自身と照らし合わせると、実に文革は「反マルクス主義」的な策動だったわけである。

ともあれ、資本を直接生み出し蓄積するのは確かに個々の資本家ではあるが、資本それ自体は資本主義的な生産様式にあっては内的な運動法則に従って、むしろ資本家を自らの手先として手段化して自己増殖していくのである。これがマルクスが資本を怪物と呼んだゆえんである。

そしてマルクスの分析は実はもっと深くにまで潜っている。というのは、では労働者を飲み込んで肥大化する怪物である資本を生み出したのはそもそも一体誰なのかという問いに、きちんと応えているからである。資本は怪物のように自己増殖をするとしても、それ自体は生産手段が自立化したものである。そして生産手段もまた労働の対象化に他ならない。ということは、資本の源泉は、他ならぬ労働者なのである。

つまり資本主義にあって労働者は、自らを消化酵素として飲み込んでしまう怪物である資本を、自らの意思に反して望むことなく作り出してしまうということである。それは言うまでもなく、資本が疎外された労働の結果だからであり、疎外とは労働者自身が作り出した生産物が労働者から疎遠になって、労働者の意志とは独立して、それ自体の内的法則に従って、独自に歴史的な展開を経巡ることだからである。だから資本は生産手段という意味では労働生産物には違いないが、作り手である労働者自身から疎外されて、自身の運動法則を獲得して自己増殖する怪物となって肥大化し続けるわけである。しかしその本当の創造主は、怪物的な自己増殖の酵素となるべく飲み込まれてしまう、他ならぬ労働者、つまり労働する人間だったのである。

疎外論というパラダイムのもとに

このようにマルクスの主著である『資本論』の主題である資本の本質は、それが疎外された生産物であることである。そして労働者の労働がある特定の歴史段階にあっては疎外されるのだということを明確にし、疎外された労働の具体的な有様が描かれているのが若きマルクスの『経済学・哲学草稿』である。ということは、マルクスの経済学理論は、その主要対象に対する概念規定という最も重要な論点において、成熟した『資本論』と本格的に経済学研究を開始した時点のドキュメントである『経済学・哲学草稿』とで根本的に連続しているのである。この意味で、マルクスの経済学理論というのは、その出発点に既に定礎されていた基本視座に基づきながら、具体的な内容を増やしつつ、その都度に認識の進化に基づく修正を加えながら展開していったものだということになる。つまりマルクスの経済学理論は、疎外論というパラダイム的前提の上で展開していった理論だといえよう。

しかしこのことは、マルクスの認識が初期のままで何も変化していないということを意味しない。疎外論というパラダイム的な枠を保持しつつも、その中で様々な論点が多く修正されたりもしている。

例えばマルクスは商品の価値を商品に投下された労働量を基準に考えていたのだが、こうした「労働価値説」と呼ばれる経済認識と、労働疎外論は一見密接に結び付いているように見える。しかし、実は本質的な連関はない。というのも、労働疎外論を展開していた若きマルクスは、商品の価値、更には商品価格の形成という論点においては、むしろ競争によって決定されるという説を採用していたからである。これは同じく若きエンゲルスの『国民経済学批判大綱』（1844年）の影響も大きかったと考えられるが、こうした競争による価格形成説は、程なくマルクスはエンゲルス共々これを放棄する。

かつての現実社会主義のイデオローグ的な研究者の中には、こうした競争説の放棄と労働価値説の採用をもって、マルクスがその若き日の疎外論を放棄したという「疎外論超克説」の論拠とする者も存在した。しかし見てきたように、『資本論』で資本の本質が疎外された生産手段だとされている以上、この解釈は成り立たない。労働価値説それ自体は疎外論とは別次元の理論だと見なさなければいけないし、労働価値説を採用していたかどうかにかかわらずマルクスが疎外論者であり続けたということは、疎外論はマルクスの基本的な思想的立場として、彼の経済学理論のパラダイム的前提であり続けたということである。労働価値説の拒否から受容というのは大きな理論的変化であるが、こうした認識の進化に基づく理論の大幅な修正も、マルクスの場合は全て疎外論のパラダイム内部で処理されており、疎外論の立場というこの一番根本的な論点では、マルクスの認識は終始一貫していたのである。

この意味で、『経済学・哲学草稿』の「疎外された労働」の議論を簡単でもいいから見ておくことは、『資本論』の読書だけでは得られない、マルクスの理論的真髄に触れることになる。というのは、『資本論』の議論は『経済学・哲学草稿』での分析を予め前提しているからだ。マルクスはその若き日に、資本の本質は疎外された労働生産物だという確信を得て以来、この基本認識を捨てなかった。その具体的な一例が資本を怪物とする先に見た『資本論』の叙述である。しかしこの基本認識は成熟したマルクスにとっては言わずもがなの前提だったので、『資本論』では疎外概念そのものについての集中した議論は展開されていない。要所要所で結論的なテーゼとして提起されるというのが、『資本論』における疎外概念への言及スタイルである。

これに対して『経済学・哲学草稿』では疎外概念に関する言及が全編にわたって見られ、

特にいわゆる「疎外された労働」と一般に呼ばれる箇所では、マルクスの哲学的核心というか、マルクスの哲学そのものである疎外論が、その基本構造の説明と共に、内容が凝縮された形で展開されている。そしてそこには、資本主義という賃金奴隷制にあって、どんなに働いても最低限の文化的な生活はおろか、肉体的生存すら脅かされかねない現在のワーキングプア状況の紐解きとなるような、資本主義の基本論理が印象的な形で展開されている。

マルクスの執筆スタイルの特徴

『経済学・哲学草稿』はマルクス没後の1932年に、現在あるように一冊の本のような形で刊行され、文庫本の翻訳書も各種刊行されている古典だが、タイトルから分るように刊行された著書ではなく、未定稿の著作である。しかも、かつてはそう見なされていたように一冊の著書の直接的な原稿ではなくその前段階の、発想ノートの位置に来るような草稿だと考えるべきだという解釈が有力になっている。『経済学・哲学草稿』または『経済学・哲学手稿』（原語はphilosophisch-ökonominische Manuskripte）というタイトルも、後の時代の編纂者が付けた便宜的なものに過ぎない。しかし、マルクスを研究する際には、刊行された著書だけでは不十分で、未定稿の草稿群も併せて検討する必要がある。

マルクスは研究に際して大量の読書ノートを作成し、原稿の執筆には完成稿までに膨大な草稿を作成して推敲して行くスタイルを取っていた。この際、完成稿よりも分量の多い草稿の中に、完成稿では見られない表現や理論展開が多く見られる。そして時として、そうした草稿にのみ見られる若しくは完成稿よりも詳細に議論が展開されているような論点も少なくない。この場合、実は完成稿では割愛された草稿での議論展開こそが、マルクスの本音である場合もあったりする。

実はマルクスの哲学的核心であり、そのためマルクスの哲学を解説する本書の中心にもなっている疎外論それ自体が、その代表例となっている。

上に見たように、マルクスは『資本論』であっても疎外論によって資本の本質規定を行ない、自らが疎外論者であることを隠してはいないが、疎外やこれに関連する哲学概念それ自体は、比較的抑制的に用いている。ところが『資本論』の草稿では、完成稿としての『資本論』（二巻と三巻は没後出版なので、厳密には一巻のみ）とは大分様子が異なっている。活字化されて誰でも読むことができるようになった文面と、マルクス自身が自己理解のために書いている草稿の文面とでは文章の調子が明らかに違うのである。活字では抑制的になっている哲学的表現が率直に多用されている。特に『経済学批判』の草稿に当たる『経済学批判要綱』は、マルクス疎外論の宝庫と言ってよい。この草稿は明らかにマルクスが「反哲学」の経済学者ではさらさらなく、経済学を研究する哲学者でもあり続けた事実の動かぬ証拠である。

草稿群を検討する必要性

ではどうしてこういう話になっているのかといえば、マルクスは若き日に論争をした「真正社会主義者」のように、経済事象そのものに対する学問的探求をきちんと行なわずに、哲学的空語を社会への科学的探究に換えてしまうような、「不当な哲学主義」とも言うべき思潮と、自らが同一視されるのを恐れたからである。『資本論』の時代には既に真正社会主義それ自体は下火になっていたが、これに類似するような哲学の歪曲された利用を行なう論者が少なくなかった。ヘーゲルの理論体系を無理やり経済に当てはめて経済現象の本質を歪曲させるプルードン主義は真正社会主義者にも強い影響を与えたが、真正社会主義が廃れた後も影響力を残していた。そしてこうした不当な哲学利用に基づく経済理論は、プルードン主義に限らなかった。こうした社会への科学的探究の不十分さを哲学的思弁で取り繕うような論者と自らを混同されるのをマルクスはいつまでも恐れ続けたということである。実際マルクスはその議論の哲学的思弁的性格を揶揄されることが少なくなかったのである。

しかしこのことはまた、マルクスに困難な道を歩ませることになった。確かに彼の経済学理論はヘーゲル体系の機械的適用ではないが、マルクスは自覚的に弁証法的方法を用いて叙述を行なっているのであり、その観念論を唯物論的に換骨奪胎させているとはいえ、なおヘーゲルの哲学を思考のプラットフォームに採用していたには違いないのである。そして何よりも、マルクスの哲学そのものである疎外論それ自体が、ヘーゲルから批判的に継承されたものだからである。

つまりマルクスは表向きは哲学的思弁に批判的であるかのようなスタンスを取りながらも、彼の経済学理論それ自体がヘーゲルを批判的に継承した疎外論という哲学に立脚しているというアンビバレントな面を持っている。そのため後代の解釈者である我々がマルクスを読む際には、彼の完成した著作だけではマルクスの真意を十分につかむことができずに、その膨大な草稿群を併せて検討して、完成された著作での叙述と付き合わせながら検討作業を行なうことが避けられなくなっている。

このため『経済学・哲学草稿』は、同じく未定稿である『ドイツ・イデオロギー』共々、『哲学の貧困』や『共産党宣言』、それに『資本論』第一巻のような刊行された著書と同じようにマルクスの真意をつかむために必須な著作として、詳しく検討しなければいけないというのが、マルクスを研究するための基本的な方法になっているわけである。

特に『経済学・哲学草稿』は『ドイツ・イデオロギー』と異なり真正社会主義者との論争以前の著作であり、哲学的空語表現への注意は見られない。マルクスは率直にその哲学的感性に従って、ヘーゲル哲学を大胆に改変しつつ、経済現象の本質をつかもうと腐心している。そしてこの著作での経済への本質把握は、成熟した『資本論』に比べて初学者としての未熟さを確かに残しつつも、資本は疎外された生産物であるという基本観点が既に確立されていて、しかも疎外というものの含意が哲学的議論に抑制的な『資本論』よりも詳しく展開されている。『資本論』のみで済ましてこの著作を研究しないでは、マルクス理論の哲学的核心をつかむことはできない仕儀となっているのである。

第一草稿の「疎外された労働」

ではその『経済学・哲学草稿』の具体的内容をこれから検討するが、あくまでここでは第一草稿の「疎外された労働」の箇所に焦点を当てつつ、その詳細なコンメンタールをするのではなく、必要な限りでのエッセンスを抽出するという作業に留めたい。

さてこの『経済学・哲学草稿』だが、今まさに「第一草稿」と言ったように、主として三つの草稿群からなる著作である。しかも第二草稿は大部分が失われているので、その主要な内容は第一草稿と第三草稿である。ここでは細かい書誌情報は全て省略して、直ちに議論の本丸に入ることにしたい。

ここで取り上げる「疎外された労働」の箇所は、第一草稿の後半に当たる部分で、マルクスの疎外論が彼の全著作中で最も詳細に展開されている箇所である。そのため、「疎外された労働」という表題はマルクス自身ではなくて後の編纂者が付けたものであるものの、まさに文意を汲んでいて、至当なネーミングである。

第一草稿の後半にある疎外された労働の箇所は、前半で行なった考察の総括から始まる。前半でマルクスはアダム・スミスによって「所得の三源泉」とされた、労賃、資本利潤、地代のそれぞれについて、スミスやリカードに代表される当時の経済学、これをマルクスは資本主義（という概念自体はこの時点ではまだ確立していないが）を擁護する立場から行なわれているという意味を込めて「国民経済学」と呼称するのだが、こうした国民経済学の理論的な諸前提をいったん受け入れて、国民経済学の理論世界に内在することによって、かえって国民経済学者自体は認めることのない国民経済学上の真実を、次のように明らかにした。

国民経済学それ自体から、それ固有の言葉を用いて、我々は以下のことを示した。労働者は商品に、そして最も惨めな商品に没落していること。労働者の貧困は彼の生産の力と大きさに逆比例していること。競争の必然的帰結は僅かな手への資本の蓄積であり、そのため独占の一層恐ろしい再現であること。最後に資本家と地主の区別が耕作農民と製造業労働者と同じように消滅し、そして全社会が所有者と無所有の労働者の両階級に分裂せざるを得ないことである。

（『経済学・哲学草稿』）

この文章を書いたのはマルクスが経済学研究を本格的に開始した時点だが、それにもかかわらず後年にも保持され、より詳細に理論化される彼の経済学上の見解が既に提出されていることに驚かされる。この時点のマルクスはまだ資本主義という用語すら使っていないのに[1]、後に『資本論』で詳述される資本主義の基本的特徴をつかんでいる。この点で、後年の解釈者がマルクスの経済学認識の経年的な断絶をしたがるのと異なり、マルクス自身は自らの経済学研究の連続性を強調していたことの確かな理論的裏付けになっている。

とまれ、それだけで独立した論考が必要になるので、ここでこの文章全体の詳細な分析はしないが、先ずは冒頭の二つの立論に注目してみたい。「労働者は商品に、そして最も惨めな商品に没落していること、労働者の貧困は彼の生産の力と大きさに逆比例していること」という論点である。

国民経済学上の事実であり、国民経済学者が超時代的な普遍的経済秩序として描写しようとする、マルクスが目の当たりにしていた当時の資本主義経済の現実、これをマルクスは「国民経済（学）的状態」と呼ぶのだが、これが『経済学・哲学草稿』当時のマルクスが後の資本家的生産、つまり資本主義について言い表す時に使う呼称である。つまり資本主義とは

▼1――ただし後年のマルクスの用語法でも「資本主義」Kapitalismusという言葉自体は殆ど用いられない。多く用いられるのは「資本家的」kapitalistishという形容詞的用法で、批判対象の社会を資本主義という一語で言い表すことは稀である。しかし、こちらはマルクスによって頻繁に用いられている「資本家的生産（様式）」を後年の我々が「資本主義」と言い換えること自体は、何らの理論的問題はない。

労働者を商品にしてしまう社会だという、マルクスの前提的認識が、既に明確化されているわけである。

巨大な分配の不公正が常態化

後にこの認識は商品化されるのは労働者の身体丸ごとでも抽象的な「労働」というものでもなく、労働者の労働能力である「労働力」だという形で、経済学的カテゴリーとしてキチンと機能するように彫琢されるのだが、前提的な思考枠組みの連続性は疑いようがない。しかもここでは『資本論』では禁欲されている「最も惨めな」という否定的な価値表現が明け透けに吐露されている。哲学的な観点からは、こうした価値判断のあり方に、マルクスの理論的営為の前提にあるヒューマニズム的正義感が表明されていて、重要である。そしてこうした労働者の惨めな境遇は、労働者の「生産の力」に反比例するのである。

この「生産の力」はいわゆる「生産力」概念と全く同一ではない。というのは、生産力概念には「生産関係」概念が対となる必要があるが、生産関係概念がこの時点では未形成だからである。とはいえ、すぐ後の『ドイツ・イデオロギー』では生産力概念は主として「生産諸力」という用法で多用されている。この『ドイツ・イデオロギー』でもまだ生産関係概念自体は未形成だが、生産関係に相当する概念として「交通」や「交通形態」という言葉が用いられており、これが対概念となることによって生産力概念が事実上有効化されている。『経済学・哲学草稿』には交通に相当する概念はなく、生産力はまだ概念として定礎されていない。しかし「生産の力」には、生産力概念の重要な側面が含意されている。「生産の力」が生産力同様に、それが人間の本質的な力であり、人間の潜勢力（ポテンシャル）な点である。その意味では、この「生産の力」はやはり、生産力概念の萌芽的使用と言ってよい。

こうした生産の能力が向上するということは、それだけ社会が進歩しているということだし、社会全体が豊かになっているということのはずである。それなのに、そうした社会全体の豊かさと労働者個人の豊かさは反比例するのだという。すなわち、産業が発達して工業生産力が向上しても、その成果を生み出し支えている個々の労働者自身はむしろ逆に貧しくなってしまうというのである。これは先取りして言えば、今日のワーキングプア状況にも通じるところがある。

現在の生産力はマルクスの時代に比べて飛躍的に増大している。当然人口も増えてはいるが、それを差し引いても、生産された富が諸個人に均等に分配されれば、誰も飢えないどころか、全員がかなり豊かな消費生活が送れるはずである。これは先進諸国内は当然として、地球上の全ての富を全人類に分配しても同じことが言える。全人類の所得を機械的に均等化すれば、先進諸国民の水準に及ばなくても、少なくとも誰一人として飢えることのない豊かさが、既に達成されている。それなのに、先進諸国であるはずの日本でなお、法定時間通りに働いているにもかかわらず、自らの肉体的生存すらが脅かされる人々が存在している。つまり巨大な分配の不公正が今なお常態化しているということである。

その究極的な原因は、日本がなお資本主義だからであり、人類がまだ資本主義を主要な経済秩序として採用しているからである。後に詳しく見るように、現存している「社会主義」を自称する国々は、いずれも実際は社会主義ではない。マルクス的な意味での社会主義はこれまで地球上のどこでも実現されておらず、どの道、社会主義が世界的な経済秩序にはなっていない。このため、富の不公正な分配に基づく貧困は消滅しないのであり、働いているのに貧しい多数の人々と、働かずに利得で巨万の富を増大させ続けている少数の人々に分断されているのである。この構造が続く限り、『経済学・哲学草稿』の基本認識、「労働者の貧困は労働者の生産の力と大きさに逆比例する」という現実は存続するのである。

「中産階級」の正体

引用文の最後は、後の『共産党宣言』で強調されたブルジョアジーとプロレタリアートの二大階級への社会の分裂という観点が、既に『経済学・哲学草稿』時点で明確になっていた文献的証拠として興味深いが、こうした文献研究的文脈は多くの読者にとっては、どちらでもいいことだろう。それよりも、こうした「階級的視点」が、社会の見方としては今はもうどうしようもなく古くなっているのではないかという論点に、むしろ多くの読者は興味を引かれるのではないか。

確かにマルクス的というか、むしろマルクス主義的階級対立論は、イデオロギー的に偏った見方だとして、否定的に受け止められるのが、少なくとも我が国ではつい最近までの社会科学方面の研究動向であったし、世間一般の常識的な風潮でもあったろう。実際いわゆる「中産階級」や「中間層」と呼ばれるクラスターが社会の中核的な構成層になってきて、マルクス主義的なブルジョアとプロレタリアの対立という図式は現実によって乗り越えられてしまっているというような見解が、学会でも一般社会でもスタンダードな物の見方になっていたように思われる。

しかしではその中間層、というよりはもっと一般的に「中流」と呼ばれる人々の実態は何だったかということになる。

マルクス的観点からは、その社会全体の生産過程の主体となる層がその社会の支配階級であり、我々の社会では資本がそれに当たるということになる。資本は労働過程を社会的総生産のための手段として用いる。そのため労働過程の主体である労働者は、資本によって客体化される。では中流と呼ばれる人々は労働者ではないのだろうか？

勿論そうではなく、紛うことなく労働者である。なぜならそれらの人々は決して社会的生産過程自体を主体的に運営することはできないからだ。ということは、資本の側に余力があれば、こうした労働者の側の報酬を増やすことによって「奴隷の反乱」を防ぐことができる。これが「中産階級」の正体である。つまり実際には資本と労働者と異なる第三の階級ではなく、境遇がかつてに比べて改善された労働者階級に過ぎないのである。資本の側に余裕がなくなってくると、こうした人々の境遇も厳しいものにならざるを得ない。これが現在、実際に起こっている過程ではないのか。巷ではかつての「一億総中流」社会が崩壊して大競争時代に入ったとかいうような言説が流通しているが、何のことはなく、そうした「中間層」それ自体が正確に社会を規定する概念ではなく、表層的なイメージの段階にある表現に過ぎなかったということである。

このため、余裕を失った現在の資本は、自らの本性をむき出しにしてワーキングプアのような人々を大量に生み出すようになっているのである。つまり、確かに現代社会はマルクスが描写したような二大階級への純化という図式がそのまま見えやすい形で表出しているわけではない。困窮した労働者という「奴隷の反乱」を抑えるために、資本が比較的余裕のある時期には労働者側の割り当て分を増やして「中間層の形成」という幻想を生み出すこともできたが、所詮は取り繕いであって、支配する資本という主体と、支配される労働者という客体という経済自体の基本構造は変わっていない。

資本主義社会の主要な階級は支配する資本と、支配される労働者という二つであることは資本主義である以上は変わりようがない。そして実際は労働者に過ぎない「中間階級」と異なり、自らが生産手段をコントロールできているという点では確かに独立した階級としての実質を保っている独立自営農民のような層も、資本主義社会の内部にある限りは、どうしても資本家的な大土地所有による農業資本と、そこに勤める農業従事者（労働者）というような形に再編成しようとする、絶えざる社会的圧力に晒されざるを得ないのである。

とまれ、ここでもまた『資本論』に連続する基本認識が既に『経済学・哲学草稿』で確立されていることが確認できるが、これ以上の議論はせずに次の引用文に向かいたい。

資本の本質を解明する

マルクスは先の引用文に続けて、彼の経済学研究それ自体を貫く基本観点を端的に提起する。「国民経済学は私的所有という事実から出発する。だが、国民経済学はこの事実を我々には解明しない」と。

ここでいう「私的所有」を「資本」と読み替えれば、まさにそれが『資本論』の理論的スタンスそれ自体でもあることが分るだろう。なぜなら『資本論』の副題は「経済学批判」であり、資本という事実から出発はするがその本質を解明することがないスミスやリカードらの経済学に換えて、資本の本質を説明することこそが『資本論』の目的だからである。

では後の『資本論』に直結する問題提起である、先行する経済学説が事実を解明できないのは何故なのかを、この『経済学・哲学草稿』はどう説明しているのだろうか？

それは国民経済学が、経済過程を抽象的な「経済法則」として捉えるが、それを「概念的に把握していない」からだという。こうした意味での「概念」は明らかにヘーゲル的な用語法を踏襲している。ヘーゲルからすれば現実を静止した対立項で捉えるのみの段階、それは人間の思考形式をカテゴリー表として提起したカントの純粋悟性概念に代表されるが、これが思考の「悟性的段階」である。この低次段階を脱して理性的段階に高まった時、思考は現実を、相互に有機的に連関する分肢が運動する具体的な全体として、そのあるがままな姿を理解することができる。これが「概念的把握」の形式的な意味である。しかしここで重要なのはこうしたヘーゲルを踏襲した思考形式をマルクスが採用していること以上に、国民経済学が何を概念的に把握していないのかということの内実である。それをマルクスは、国民経済学が抽象的に提起する経済法則が、私的所有の本質からどのようにして生み出されるかを論証しないということだとする。

ということは、国民経済学が成し遂げられなかった概念的把握をマルクスができたということの具体的内容は、マルクスが私的所有が生じる原因を解明しえたということである。私的所有の本質を概念的に把握するということは、私的所有の原因を明確にして、その原因からの私的所有の生成発展のメカニズムを具体的に説明するということである。

確かにこれは資本主義を擁護する国民経済学、もっと一般的にはブルジョア経済学のなしえないことである。なぜならブルジョア経済学がブルジョア経済学たるゆえんは、資本を所与の前提として、その是非を問わないからである。これに対してマルクスの見方はもう既に何度も説明している。マルクスからすれば資本とは疎外された生産手段である。そのため資本はその本質において不正であり、だから資本を中心とした経済秩序である資本主義は変革されなければならないというのが、議論の出発点にして結論だからだ。

従って、私的所有に対する概念的把握の具体的内実は、私的所有の本質が疎外だと理解するということである。このためマルクスは、国民経済学者に対置される自らの課題を次のように位置付けるのである。

我々はかくして今や、私的所有、貪欲、労働、資本と土地所有の、交換と競争の、人間の価値と価値剥奪の、独占と競争の、等の本質的連関を、これら全疎外と貨幣制度との間の本質的連関を概念的に把握しなければならない。

(『経済学・哲学草稿』)

ここでマルクスは、後年のように禁欲することなく、価値判断が含意された表現を用いながら、経済学的カテゴリーを列記している。そしてこれら全ての経済学的カテゴリーが疎外だというのである。これらのカテゴリーは「私的所有の運動」、つまり資本主義を端的に特徴付ける諸概念だが、これらがことごとく疎外であり、人間にふさわしい経済にはその地歩を持たないとされているのである。こうした疎外された経済事象を含む全体をマルクスは「貨幣制度」と表現しているように思われる。これはマルクスと同時期にお互いに意見交換しながら、マルクスとは別にやはり資本主義における人間疎外を告発していたモーゼス・ヘスの影響があるかもしれないが、ここではその論点よりも、マルクスが貨幣経済それ自体を変革しない限り、経済における疎外を克服できないとしていることのほうが重要である。

貨幣経済とは異なる経済のあり方

疎外されない望ましい経済システムは貨幣経済とは別の形であるというのは、マルクスの基本的なビジョンである。しかしまた、後に再論するように、後年のマルクスは『ゴータ綱領批判』に明らかなように、エンゲルスと異なり貨幣経済が容易に克服されないことをも見据えていた。ともあれ、ここではまだ『資本論』のマルクスのように、資本は資本となった貨幣であり、貨幣は貨幣となった商品だという基本認識から出発することができていない若きマルクスではあるが、この時点では「私的所有の運動」と表現される資本主義経済もまた貨幣経済の一特殊相だという大前提は既に我がものとしており、資本主義の最終的克服のためには貨幣経済とは異なる経済のあり方が必要だという論点は、革命運動の基本戦略として確立済みなのである。

マルクス当時の経済学者は、個人が原始状態においても資本主義における平均的個人のように自立的な商業活動ができるし、行なうはずだという仮定を叙述の出発点とすることが多かった。この論点は特に『経済学批判要綱』の「序説」(Einleitung)で、こうしたブルジョア的ホモ・エコノミクス幻想とは異なり、事実は逆で、人類は歴史を遡るほど共同体に埋もれた存在として現れるのであって、「ロビンソン・クルーソー」は歴史的に特殊な人間類型を誤って普遍化したイデオロギー的転倒であることを告発していた。この『経済学・哲学草稿』でもこうした基本観点は既に確立されていて、国民経済学者が仮定する架空の原始状態に基づいて現行の経済活動を正当化することは、神学者が原罪によって悪の起源を説明するようなものだと批判している。「神学者は説明すべき事柄を一つの事実として、既に生じてしまったという形態で前提してしまう」。経済学者も同様だということである。

こうした国民経済学者に対してマルクスは、「我々は国民経済学上の現にある事実から出発する」とする。そしてその事実とは、先にも述べたように、労働者が富を作り出す力が増えるほどに逆に労働者自身は貧しくなるという逆説である。つまり「事物世界の価値比例に正比例して、人間世界の価値低下は酷くなる」。というのも、労働とは人間が自らの本質を外部に押し出して発現させて、事物の内に自己の本質を実現する対象化の過程なのであるが、こうして対象化された生産物は国民経済学的状態、つまり資本主義にあっては疎遠な対象になってしまうからである。

資本主義における対象化は疎外として現れる

哲学的次元で抽象化され、人間が活動において自己の本質を自己の外部に打ち出して、自己の前にある事物においてその本質を内在させる行為一般を指す場合、このような意味での労働は対象化である。この対象化自体は、どの社会や歴史状況にも共通する、人間の基本的な行為の構造を意味するに過ぎない。こうした対象化一般にあっては、対象となった生産物がどのような去就を経るのかは、対象化という概念それ自体には含意されていない。対象はそれが対象化される状況次第で、人間がその全体をしっかり獲得できることもあれば、遠く隔てられて取り戻せないこともある。まさに資本主義という国民経済学的状態にあっては、対象化活動は疎外をその基本性格として刻印されてしまう。

つまり資本主義における対象化は、その基本性格が疎外として現れるようなものだということである。資本主義にあって労働者が生産する富は基本的に労働者の物ではない。それは労働者がその富を作り出したからという理由でその富への所有権を保障されているわけではないからだ。富を作り出すことと富を所有することは基本的に分離されている。富を得られるのは富を所有している人である。富の創造者と所有者が一致する場合もあるが、それは一つのあり方に過ぎず、創造したことが直ちに所有を保証するわけではない。試しに絵を描いてどこも通さずに直接販売して収入を得たりすれば、富の創造者と所有者は分り易く一致しているが、このような生業は資本主義にあっては特殊な例外であり、大多数は企業に勤めて、自己労働の果実を直接に得ることなく、賃金によって生活している。賃金それ自体が富の創造者と所有者の分離を前提した経済制度だというのは多言を要さないだろう。

こうして労働者の生産する富は、対象化の成果としての労働生産物である。しかし資本主義にあっては労働生産物に対する基本的権利は労働者にはなく、労働者を雇い入れて働かせる資本の側にある。この事態を労働者から見れば、対象化された労働生産物を労働者が我が物として獲得できずに、疎遠な対象として資本に奪われるということになる。つまり資本主義にあっては対象化は疎外されるということである。「労働の実現は労働の対象化である。この労働の実現は、国民経済学的状態においては、労働者の現実性剥奪として、対象の喪失及び対象への隷属として、獲得は疎外として、外化として現れる」[2]。

こうした国民経済学的状態においては労働生産物は、「一つの疎遠な存在として、生産者から独立した支配力として労働に対向」するのである。

ワーキングプアの増大は資本の内的本性

この生産者から独立した支配力として労働に対向するという『経済学・哲学草稿』の叙述が、先に見た『ドイツ・イデオロギー』の引用文と完全に対応していることは一目瞭然で、この二つの著作にマルクスの思考の断絶を見出そうとする解釈がかつては有力で、今でも一部に根強く残っていることに読者は驚くかもしれないが、本書のようにマルクス理論の現代的アクチュアリティに中心的な関心を持っている諸賢を中心的読者層として想定した本では、瑣末な話題だろう。[3]

　ここではこの「疎外された労働」の箇所の全てを逐一引用して検討していくという作業はできない。それだけで一冊の本になってしまうからだ。数多く引用して説明したいという気持ちは禁欲しないといけない。しかし次の文章は、ワーキングプア状況に喘ぐ人々が数多くいる我々の社会の構造的本質を端的に表明する一文として、引用せずにはいられないものがある。

　労働の実現は、労働者が餓死するまでに現実性が奪われる現実性剥奪として現れる。対象化は労働者が生きるために必然となる諸対象のみならず労働諸対象も奪われるほどの対象の喪失として現れる。そう、労働それ自身が、彼が最大限の緊張と不規則極まる中断とをもってでなければ、我が物とできない対象となる。対象の獲得は、諸対象を労働者がより多く生産すればするほど、彼が占有できるものはますます少なくなり、そしてそれだけますます労働者は自分の生産物である資本の支配下に落ち込むほどの疎外として現れる。
（『経済学・哲学草稿』）

▼2——この文章でマルクスが、「国民経済学的状態」という歴史状況を軸にして、諸概念を対にして定義していることは重要である。そしてそれはドイツ語表現では、entという接頭語を用いて行なわれる場合が多い。「実現」はWilklichungだが、国民経済学的状態ではEntwilklichungになる。これはマルクスの造語で定訳はないが、実現の反対を意味する。対象化はVergegenständlichungだが、これはEntgegenständlichungになる。これまた造語である。そして疎外Entfremdungは Aneignungの反対語であることが、上の引用文で明確になる。実はマルクスは一貫してこの用語法を守っている。つまりマルクスは常に、EntfremdungをAneignungの反対概念として用いているわけだ。ところが日本語文献ではAneignungは、伝統的に初期マルクスの諸著作では「獲得」、『資本論』や資本論草稿では「領有」と訳し分けられていて、これが同じ一つの概念であることが分らなくなっている。「領有法則の展開」にいう領有もAneignungである。これはつまり、マルクス自身は一貫して疎外論的に思考しているのに、後の解釈者がこの本質的な思考形式を理解していなかったということが大きいだろう。「外化」というのも、引用文のものはEntäußerungであり、これまたÄußerungの反対概念である。ところが翻訳によっては両方とも外化と訳される場合がある。これはこの両概念を対立的に捉えないヘーゲルを踏襲した解釈だが、しかし引用のようにマルクスははっきりと対立概念にしている。このため、基本的に翻訳でのみテキストを読む非研究者の読者には、非常な困難が課せられてしまっている。少なくとも違う言葉だから、訳し分ける必要があろう。比較的新しく使われるようになった「疎外化」という訳語は余りいいとは思えないが、Äußerungを外化と訳すならば、最低限こうした訳し分けは必要だろう。

▼3——ただ「初期マルクス研究」という文脈ではこの問題は中心的な重要性を持っていて、私の20代は主としてこの論点の研究に費やされた。その成果が博士論文『初期マルクスの疎外論』（時潮社、2000年）である。この博士論文は副題が「疎外論超克説批判」といい、『経済学・哲学草稿』の疎外論が『ドイツ・イデオロギー』で自己批判的に超克されたという解釈を、細かな文献引用によって徹底的に論駁することを目的としていた。

読者の中には、これは誇張だろうと思われる向きもあるかと思う。実際、現在の労働者の殆どはこれほど悲惨な境遇にはない。その意味で、マルクスが見つめていた労働者の現実は、今日においては大きく改善されたといえるだろう。しかしここでマルクスが試みているのは、現状の単なる描写ではなく、現状を貫く経済的な運動法則の把握である。確かに現在はここで描かれるほどには労働は悲惨なものではないが、それは労働運動を中心とした労働者側からの資本への対抗による獲得成果だということである。もしこうした対抗運動がなければ、労働の実現が労働者が餓死するまでに過酷な現実性剥奪として現れるのは、資本の内的法則だといってよい。そしてワーキングプア状況とは、こうした資本の内的本性の一つの顕在化ということだろう。

つまり現在でも、資本は労働者側の反抗が弱ければ、直ちにワーキングプア的な状況を作り出すものという意味では、その本質は何も変わっていないということである。昨今の新自由主義のような資本の論理をそのまま賛美するようなイデオロギーの蔓延とワーキングプアの増大は、必然的に連関しているわけである。

最大の緊張と不規則極まる中断

この文章で「労働者が最大限の緊張と不規則極まる中断」を強いられるという認識は、後の『資本論』で一層明確化される。すなわち、労働過程にあっては、

> 労働する諸器官の緊張以外に、労働の全期間にわたって注意力として現れる合目的な意志が要求される。しかもそれは、労働がそれ固有の内容とその実行の方法と様式が労働者を魅了することが少なければ少ないほど、それゆえ彼が労働を彼自身の肉体的で精神的な諸力の戯れとして楽しむことが少なければ少ないほど要求される。（『資本論』）

労働の内容が単調になってつまらなくなればなるほど、かえって精神的な緊張が増えるというのは、人間は機械の真似をすることはできるが、機械になりきることはできないという生理学上の事実から明らかだろう。

今でもそのような職種は少なくないが、マルクスの時代には今ではありえないような過酷な類のものがあった。例えばボイラーの前に座って計器の針を注視し続け、動きに異常があったら直ちに弁を調整するというような仕事である。今ではこれはサーモスタットのやることである。しかしかつてはこのように、今は自動機械がやることの多くを人間がやってい

た。この手の作業の全てがそうだとは言い切れないだろうが、その大多数はマルクスが言うように、内容空疎であるがゆえに、かえって精神的緊張を強いられるものなのは間違いないだろう。一日中計器を見つめ続けるという作業がどれだけ精神的苦痛を労働者に与えるか、想像に難くない。そしてこのことはまた、人間にとって労働はどのようなものであるのが望ましいのかを逆照射する。「肉体的及び精神的な諸力の戯れとして楽しむ」ことができるような、具体的で内容豊かな労働である。

しかし機械化の進展は、こうした労働の余地を不可逆的に少なくしてゆく。労働を軽減するはずの機械の導入が資本主義的な生産様式においてなされると、反対に労働の苦痛を強化するからだ。

機械労働は神経系統を極度に疲れさせる一方で、筋肉の多面的な動きを抑圧し、そして全ての自由な肉体的及び精神的な活動を差し押さえる。労働の軽減自体が拷問の手段になる。というのも機械は労働者を労働から解放するのではなく、彼の労働を内容から解放するからである。全ての資本主義的生産がただ労働過程であるだけではなく同時に資本の価値増殖過程でもある限り、労働者が労働条件をではなく逆に労働条件が労働者を使うのだということは共通であるが、機械によって先ずもってこの転倒は技術的に明白な現実性を受け取る。（『資本論』）

機械は確かに労働者の労働を楽なものにする。しかしその内実は、複雑な工程を単純化し、それなりにやりがいのある熟練労働から単純でつまらないマニュアル労働に転化させて行くという話でしかない。そしてそうしたマニュアル労働に従事する労働者には確かに「最大限の緊張と不規則極まる中断」が課されるのである。それはまさに資本が「労働者が労働条件を使うのではなく逆に労働条件が労働者を使う」という転倒、労働者の疎外された生産物であることから生じる。機械は労働者がその使用を完全にコントロールできれば、労働からの解放に役立てることができるが、資本がその支配権を握っている限りは、労働者を抑圧する装置として作動する他はないのである。

『経済学・哲学草稿』ではまだ資本概念が確立していないため、資本概念は私的所有概念と未分化な形で用いられているが、確かに先の引用文でも資本は労働者の生産物だと明言されている。資本は労働者がそれとは望まずに労働者が作り出した疎外された生産物であるという認識は、マルクスが経済学研究を始めた当初から変わらない基本前提なのである。

労働自体が疎外された状態

労働は対象化一般として、人間が自己の本質を外に出して、自己の対象とすることであるが、この意味での対象化において自己の本質を外に出すことは発現Äußerungである。これはしばしば混同されるように、外化Entäußerungではない。このことをマルクスは次のように注意している。

彼の生産物の中への労働者の外化は、ただ単に彼の労働が一つの対象、一つの外的な実存になっているというだけではなく、それが彼の外部に、独立して、彼から疎遠に実存し、そして彼に対立する自立した力になっており、彼が対象に与えた生命が、彼に敵対的で疎遠に立ち向かうという意味を持っている。（『経済学・哲学草稿』）

ではこうした外的な支配力に転化した生産物をどうすれば、労働者自らが作り出した結果にふさわしく、外的ではなく内的なものとして取り戻せるのか。

その前提はこうした労働生産物の疎外が、労働それ自体の疎外の結果に過ぎないことを理解することである。

生産物はまさにただ活動の、生産の要約に過ぎない。だから労働の生産物が外化であるときには、生産それ自身が活動的な外化、活動の外化、外化の活動でなければならない。労働の対象の疎外の中には、ただ疎外、労働の活動それ自身における外化が要約されているにすぎない。

（『経済学・哲学草稿』）

つまり、労働生産物が労働者から疎外されて、労働者に敵対する資本に転化するのは、労働それ自体が疎外されているからだということである。では労働それ自体が疎外されているというのはどのような状態なのか。それは労働がその本来の働きである人間的本質の発現ではなく、外化になってしまっている状態である。このためこうした疎外された労働をせざるを得なくなった労働者はできる限り労働を避けようとし、労働を自らの生存のために仕方なく行なうようになっている。「それゆえ彼の労働は自由意志からではなく強いられた労働であり、強制労働である」。ということは、労働が自由意志から敢えて選択的に行なうようなものになり、強制されるようなものでなくなった際には、労働の疎外的性格が払拭されて、労働は人間本質の発現活動へと回復するのである。

この場合に労働は、生存のための必要という前提から離脱しないといけない。労働の主目的が生きるための肉体的欲求の充足に留まっている場合は、労働の疎外的性格は残存し続ける。このことをマルクスは人間を動物と対比させて、「動物はただ直接的な肉体的欲求に支配されて生産するだけであるのに対して、人間は自ら肉体的欲求から自由に生産し、しかもこの肉体的欲求から自由において初めて生産する」という。ここで動物を人間と対比させて動物を貶めるのは西洋の伝統的思考で、はっきりと間違った偏見である。こうした謬見《びゅうけん》をマルクスも前提していたことに残念ながらマルクスの歴史的限界の一つが現れているが、ここでは指摘するだけに留めて、こうした偏見に曇らされつつも、その先に見い出されていたマルクスの卓見を掬い上げることに専念したい。[4]

つまりマルクスにとって疎外から脱却する大前提は、全員が肉体的必要のために労働をせざるを得ないという低生産力状態を脱していて、社会成員が等しく労働を強制されず、充実した人生を送るための自由時間が確保された上で、強制なく自発的に行なう労働それ自体が、人間の本質を発揮できるような有意義なものに転化しているということである。

疎外のない人間的な労働への道筋

ではどのような労働が人間の本質を発揮できる労働なのか、その具体像はどのようなものなのかだが、それをマルクスはこの『経済学・哲学草稿』では明確化できないでいた。この時点では自由で強制されないというような形式的な規定がなされるのみで、具体的にはどのような労働のあり方が疎外のない人間的な労働であり、どうすればそのような労働に到達できるかという道筋も明らかではなかった。

ただし、具体的な内容は伴っていないものの、やはり形式的には問題の解決の方向性は示されていた。それは第三草稿にある「自己疎外の止揚は自己疎外と同じ道をたどって行く」

という文言である。マルクスにあって労働の疎外とは結局、労働者が労働という自己の本質を発現すべき活動から疎外されることであり、人間がそうあるべき自分自身から疎外される自己疎外の実体的なあり方である。従ってこうした自己疎外である労働疎外がどのように生じてきたのかという原因が明確になれば、その原因を取り除くことによって疎外の克服が可能になる。原因が取り除かれて、そのような疎外を生み出さないような活動になっているのが、疎外されない労働ということになる。

第一草稿のマルクスが明らかにしたのは、資本である私的所有の原因が疎外された労働だということである。資本は疎外された労働生産物であり、労働生産物の疎外は生産活動それ自体が疎外的な性格を有する時に生じる。そしてマルクスの最も偉大な認識は、既に提起したように、私的所有である資本が労働者を搾取し労働者の労働に疎外的性格を刻印するのはあくまで現象であり、その本質は労働者自身が自ら望まずして自分自身を疎外することにあ

▼4——詳しくは拙著『はじめての動物倫理学』（集英社新書、2021年）参照。なお、我々がなすべきなのはマルクスの限界を踏まえた上での現代的可能性を掬い上げることで、彼を神格化してそこから現代的問題の解答を何でも取り出せる「打ち出の小槌」にすることではない。最近はかつてと違ってマルクス再評価が著しく、これは当然喜ばしい傾向だが、一部に「打ち出の小槌マルクス主義」とも呼びたくなるような作風が見られる。こうした傾向は短期的には真相を知らない人々の熱狂を誘うかもしれないが、長期的には襤褸《ぼろ》が剝がれてむしろマルクス理論の信憑性を損ってしまう可能性が大である。

るとしたことである。「あたかも神々が本来は人間の精神錯乱の原因ではなくてその結果であるように、私的所有は外化された労働の根拠、原因として現象するにしても、それはむしろ外化された労働の帰結だということである」。

この決定的な認識によりマルクスは、プルードンを初めとした同時代の社会主義者や共産主義者の到達できなかった高みに達し得たのである。なぜなら当時の資本主義批判者の多くが所有こそが労働の悲惨の原因だと考え、所有を禁ずることによって社会を変革することができると考えていたからである。ところが、所有は疎外の結果でしかない。所有制度を法的形式のみで変えただけでは、真実に社会は変えられない。労働の疎外的性格を変えない限りは、資本主義は克服できないのである。この基本認識がどれだけ重要なのかは、まさにこれこそが旧ソ連東欧の現実社会主義への批判原理になることからも分る。この論点は後に詳論する。

しかし、現実社会主義を考察するに当たっての基本視座となる重要な理論的帰結を、マルクスが疎外された労働と私的所有の関係の分析を通して導き出していることは、後論のためにも確認しておく必要がある。それは、私的所有の原因が疎外された労働にあることが明確になることにより、人間が私的所有の支配に隷属するような社会のあり方からの人間の解放が、「労働者の解放という政治的な形式で表明される」としている論点である。

階級それ自体が消滅した社会

当然このような論点を提示すれば、問題は隷属一般からの人間の解放という抽象的な議論ではなく、労働者階級の解放という具体的な議論をしなければいけないとマルクスが言っているように思われる。ところが事実はそうではなく、むしろ逆である。労働者の解放が問題になるのは、労働者だけの解放が問題になっているのではなく、労働者の解放において普遍的な人間的解放が問題になっているからこそ、労働者の解放が目指されるべきだとされているのである。いわば労働者の解放は手段に過ぎず、その先にある人間それ自体の解放こそが目的なのである。

この意味で、社会主義とは資本主義の人間関係の逆転ではない。資本主義の資本家の位置に労働者が来るわけではないのだ。むしろ特定の階級が別の階級を支配するということをなくすことであり、社会主義とはそうした支配被支配関係自体が否定されて、階級それ自体がなくなる社会である。勿論どのような社会でも様々な社会階層への分化はなくなりようがないが、それらの階層が階級社会のように敵対的に闘争することはなくなるのである。階級闘争はあくまで社会主義までの人類社会前史の行動原則であり、階級闘争が存続している社会はそれが社会主義ではないという客観的証拠である。

この意味で、マルクスが労働者階級であるプロレタリアートを解放の主体に見た理由は明確である。それは、プロレタリアートこそが革命によって自らを解放することにより、自らの存在根拠それ自体を否定するからである。プロレタリア革命のそれ以前の革命に対する独自性は、以前の革命が自らの階級を支配者の地位に据えるためのものであったのに対して、階級それ自体をなくして特定の人間集団が別の人間集団を支配するというこれまでの社会原理それ自体を根本的に変えるとされていることにある。

これが普遍的解放であり、その本質は特定の社会集団が別の社会集団を隷属させることそれ自体を辞めることである。そして階級とはそれ自身の本質としてお互いに敵対し相手を隷属させようとする傾向に支配された人間集団の組織原理なのだから、普遍的解放はまさに階級自体の廃絶である。その意味で、プロレタリアはブルジョアと異なり自己否定的な階級である。ブルジョアは階級としてのブルジョアジーが主人公となる社会を目指し、実際に社会をそういうものにしたが、プロレタリアが目指すのは自らのプロレタリアとしての定在の否定である。プロレタリア階級は革命を実現させることによって自らの階級としての性格をなくそうとする。自己否定的な自己実現である。この意味で、革命によってプロレタリア階級は、階級としての自らをアウフヘーベン（自己否定的な自己実現としての止揚）するのである。

この意味で、後のマルクス主義運動の基本基調は、このマルクスの基本精神の忘却によって色付けられていると言わざるを得ない。それは後継者が押しなべて、階級それ自体を否定するものとしての社会主義革命という前提を忘却若しくは名目化し、ブルジョア革命同様に階級としてのプロレタリアが支配する社会として社会主義を捉えていたからである。しかしそれは普遍的に人間が解放された社会ではない。旧来社会の力関係をひっくり返しただけでは人類の前史を終わらせたことにはならない。しかしそのようなものが社会主義だと見なされて広く実践されたために、大きな悲劇がもたらされた。それは、マルクスの名を冠しながらマルクスの根本精神を忘却した後継者による逸脱の、大きな歴史的代償である。

問題の立て方に既に解決が含まれている

ともあれ、この『経済学・哲学草稿』ではさらに踏み込んで、なぜ資本たる私的所有の原因を疎外された労働に求めることが、労働者の解放が普遍的人間解放に至らざるを得ないかが述べられている。それは、「人間の隷属状態の全てが、生産に対する労働者の関係の中に内包されており、また全ての隷属関係がこの生産に対する労働者の関係の変形と帰結に過ぎないからである」。

労働とは対象化であり、対象化されるのは人間の本質である。だから労働が疎外されると人間の生命それ自体が疎外される。そのためそれ自体が疎外された労働の産物でありながらも、一度成立すれば反作用的に労働者を疎外し続ける私的所有は人間の全存在を普遍的に疎外する。だから私的所有を克服することは、労働者階級の政治運動という特殊な領域で行なわれるものでありながら、その目的それ自体は人間それ自体の普遍的な解放なのである。であるならば、なおさら先に提起した、疎外の原因という論点が重要になる。どうして労働が疎外されるのか。それが分ればその原因を取り除くことにより、疎外のない労働が実現できる。そして、人間本質の対象化である労働から疎外的性質が除去されれば、人間は自らを十全に自己実現することができるのであり、こうした労働者の自己実現が制度的に保証された社会では確かに、人間は普遍的に解放されるのであり、階級のない人類の本史が訪れるのである。

しかしこの『経済学・哲学草稿』ではマルクスはまだ、「人間はいかにして自分の労働を外化し、疎外するようになるのか。そしてこの疎外は人間的発展の本質の内に基礎付けられるのか」と問うのみで、明確な答えは出せなかった。

だが、この時点のマルクスは、こうした問題の立て方それ自体が解決方向を指し示しているると確信している。というのは、この時点でマルクスは既に、資本である私的所有が疎外された労働の結果であり、労働が疎外されるから資本が生まれるという認識を得ていたからである。

当時の経済学者や社会主義者は資本による労働者の支配と抑圧をそれぞれ自然現象として容認したり、その非人間性を告発したりと、それぞれのイデオロギー的スタンスに拠りながら擁護や告発をしていたが、そうした資本それ自体を労働者自身がそれとは気付かずに生み出しているという事態の本質はつかめなかった。というのは、「私的所有について語る場合、人間の外部にある事物を問題にしていると、一般には信じられているからである」。ところが、私的所有は労働が生み出すものであり、労働は人間自身の本質の対象化なのだから、疎外の起源はこれまでの労働の基本的性格それ自体ということになる。問題の解答が人間に関係のない物事についてならば、それを見出すのは困難だが、問題の焦点は労働のあり方であり、労働について語る場合は、まさに人間そのものが問題とされるのである。だから「この新しい問題の立て方に既に解決が含まれている」のである。

実際はマルクスはこの『経済学・哲学草稿』のすぐ後の『ドイツ・イデオロギー』で、まさに『経済学・哲学草稿』で自ら提起したように、これまでの労働の基本的性格それ自体が疎外の原因であると喝破したのである。それは分業であり、労働が分業的に組織されている限りはその労働に疎外的性格が刻印されざるを得ないとしたのである。そして分業的ではない社会として、まさに人間が有機的に連帯している社会として来るべき理想社会を構想した。それがどのような社会であり、このユートピア構想が現在社会にどのような理論的示唆を与えるのかは、後論で考察することにしたい。

3章 社会主義はまだ実現されていない

歴史の喜劇を繰り返さないために

「宗教は民衆のアヘン」の真意

有名な思想家はほぼ例外なく、後の時代の人口に膾炙されるような名言を数多く残している。マルクスも然りである。マルクスの「名言」とされるものの多くは、彼の理論の核心的な内容が、その文が記された著書や論文の文脈が無視されてそれだけ取り出されて云々され続けているものである。その代表例がマルクスの最も有名な言葉だと思われる「宗教は民衆のアヘン」だろう。

この文章はマルクスが若き日に書いた著作の中でも珠玉の傑作といえる『ヘーゲル法哲学批判序説』（1844年）にある。『ヘーゲル法哲学批判序説』はこの有名な言葉以外にも様々な名言が含まれていて、まるで名言が連なって一つの論文となっているかのような感がある奇跡的な名作だが、この「宗教は民衆のアヘン」という言葉ほど、有名でありながらその真意が誤解されて広まっている例は珍しいだろう。

この言葉をそれだけ見れば、マルクスは宗教というものをそれ自体として否定していると受け止められるだろうし、実際受け止められてきた。この場合、こうした理解を前提にして、両極的な反応があった。一つは旧ソ連東欧のような現実社会主義国内や、ソ連に追随する資本主義内の共産主義勢力に一般に見られた傾向で、宗教を否定されるべき悪とした上で、反宗教プロパガンダのスローガンとして利用するというものである。もう一つは資本主義国内の反共産主義及び反マルクス主義勢力にあって、取り分け宗教に親和的な勢力が、マルクスを悪魔的な反宗教主義者として糾弾するために例示するというような受容方法である。しかしこれらはいずれも意識的にか無意識的にかは分らないが、マルクス自身の意図を曲解した上でなされた虚妄であった。

この言葉は実際には宗教をそれ自体として否定するものではない。むしろマルクスは、宗教それ自体の持つ積極的意義を一定程度評価してさえいる。それは文脈を見れば明らかだ。この言葉の真意を理解するためには、この言葉を含む前後の文章を併せて引用提示する必要がある。

宗教は人間的本質が真の現実性を持たないがための人間的本質の空想的実現である。宗教に対する闘争はだから、宗教が精神的なアロマであるようなこの世界に対する間接的闘争である。宗教的悲惨は現実的な悲惨の表現であり、そして現実的な悲惨に対する抗議である。宗教は抑圧された被造物のため息であり、非情な世界の心情であり、同じようにそれは精神なき状態の精神である。それは民衆のアヘンである。民衆の幻想的幸福としての宗教の止揚は、彼らの現実的な幸福の要求である。彼らの状態についての幻想を放棄させる要求は、それらの幻想を求める状態を放棄させる要求である。宗教の批判はだから宗教が後光であるような涙の谷の萌芽にある批判である。

（『ヘーゲル法哲学批判序説』）

先ず宗教とは、人間的本質が真の現実性を持たないがために、人間的本質を空想的に実現したものであるとされる。人間的本質が真の現実性を持つとは、人間がそうあるべき自己の本質を実現している理想的状態を意味する。宗教とは人間が此岸にあってそうした理想的状態を実現できていないために、彼岸において代償的に実現しようとするものである。このため、宗教に対する闘争とは、宗教それ自体に対する闘争というよりも、宗教に逃げ道を見出さざるを得なくなっているような現実世界の悲惨への闘争である。現実を変えずに宗教のみを批判したところで、現実の悲惨さこそ宗教の存立根拠なのだから、宗教的幻想の再生産を止めることはできない。民衆に宗教を捨てるように要求することは、逃げ道が要らなくなるような豊かなものに現実を変えることが伴っていなければ意味がない。

こうして宗教はアヘンであるというマルクスの言葉の真意が明らかになる。アヘンは現実逃避の中で幸福を体感するための手段である。現実が豊かであれば逃避する必要もないし、手段としての宗教もいらない。しかしこうした現実を維持したい勢力からすれば、現実逃避手段である宗教は実に都合のよい支配の道具になる。実際ブルジョア・イデオロギーの典型的なスタイルに、「この社会の秩序は神が定めたものだから所与のものであり、人為的に変えることはできない。そのため貧富の差が生じるのも神の定めである。この経済の仕組みはそれ以外にありえない自然的な秩序である。だから経済の仕組みを根本から変えようなどと思わないことだ」というものがある。

宗教それ自体を批判したものではない

今現在も市場経済は人間が経済活動を行なう限り必ずそうならざるを得ない最も合理的な「自生的秩序」であり、これを人為的に変えて計画経済にしようとするような「設計主義」は破滅の道であるというような形で、露骨に神を持ち出さずに洗練されてはいるものの、その内実はやはり一つの宗教的色彩を帯びたブルジョア・イデオロギーだと言わざるを得ない言説が健在である。こちらは信仰対象が神から市場に換わっているわけである。

「宗教は民衆のアヘン」だというマルクスの言葉はだから、宗教それ自体の批判を目的にした言葉ではない。アヘンがそうであるように、幻想であっても苦痛を癒してくれるという面では宗教にはむしろ積極的な意義がある。しかしアヘンもそれに溺れ続ければ廃人になってしまうように、やはり絶たなければいけない。だがただ絶つだけでは意味がない。アヘンを絶つことによって、アヘンがいらなくなるような世の中に変えるように人々を促すこと、これがマルクス的宗教批判の真髄である。アヘンが不要になるためには、現実を悲惨なものにしないことであり、悲惨の根本原因である貧困を生み出さないことである。

しかしマルクスや我々が属する資本主義は、その根本構造から必ず貧困を生み出す経済システムである。だから宗教の批判の真の目的は宗教それ自体ではなく、貧困を生み出さざるを得ない資本主義経済への批判であり、宗教の批判はそうした真の敵への批判を促し、人々にこの世の経済秩序は今現在あるあり方しか可能なのではさらさらなく、今とは根本的に異なった形に改変可能だという勇気を喚起することにある。

この意味ではまた、「宗教は民衆のアヘン」という議論には、宗教論一般としては一面的な限界もある。マルクスが念頭に置いていたのは当時の宗教であり、取り分けキリスト教である。確かにキリスト教に限らずどの宗教もマルクスが指摘するような現実逃避装置としての側面はある。だがそれが宗教の全てだというのは言いすぎだ。実際キリスト教の中にも現実逃避ではなくむしろ現実を変革するような宗派や運動も存在した。奇しくもマルクス後の時代に現れた「解放の神学」は、キリスト教信仰に基づきながらも、まさにマルクスの名前を前面に掲げて、神の国とはあの世ではなくこの世で、地上で実現されるべき共産主義に他ならないという運動を展開した。インドでもアンベードカルの仏教再興運動がある。意識的に不可殖民解放のイデオロギーとして解釈し直されたアンベードカルの仏教は、静かな瞑想により悟りを得るという本来の仏教のあり方とは隔たっている。ブッダを身分差別のない社会を目指した平等主義者と捉えて、実際にカースト差別を廃絶することこそがブッダの教えの核心だとするのである。ここには「アヘン」的な要素は微塵もない。むしろ世界変革の手段として仏教が位置付けられているとすら言える。

この意味でなおさら、マルクスの理論を宗教それ自体の批判として捉える方向は実りが少ないと考えられる。問題なのは宗教それ自体ではなく、宗教の社会的機能である。まさにそれ自体を批判すべき宗教もあれば、むしろ変革の友として連帯できる宗教もある。この意味で、マルクスの宗教論は形式的なドグマではなく、実践のための指標として柔軟に受け止めて、大胆に改変することも辞さずに、今後の実践に生かしていくべきということになろう。

一度目は悲劇として、二度目は喜劇として

「民衆のアヘン」の話からマルクスの宗教論一般の話にまで広がってしまったが、この言葉ほど有名ではないが、それなりに知られているマルクスの名言に、次のものがある。

> ヘーゲルはどこかで、全ての偉大な世界史的な事実と世界史的人物はいわば二度現れる、と述べている。彼はこう付け加えるのを忘れた。一度目は悲劇として、二度目は喜劇として、と。

この言葉はマルクスの『ルイ・ボナパルトのブリュメール18日』（1852年）にある言葉

である。「悲劇」はナポレオン・ボナパルトによるクーデタを、「喜劇」はボナパルトの甥であるルイ・ナポレオンのクーデタを意味している。この言葉は、「歴史は繰り返す。一度目は悲劇として、二度目は喜劇として」というように省略されて箴言《しんげん》化された形で、人口に膾炙されている。

この言葉がどの程度の普遍性を持って歴史の実相を言い当てているのかは定かではないが、何よりも語呂がよくてもっともらしい話なので、口にしたがる人が少なくないのも頷ける。ところが、この言葉はまた、我々のように現代にあってマルクスの理論を生かしてゆこうという志向を持った者に対して向けられる皮肉にもなっている。つまり、マルクスの思想に則った社会実験は既に試行済みであり、その結果は悲劇に終わった。それなのに同じ歴史の轍を踏もうとする我々のような者は、まさにご本尊であるマルクス当人が言っていた、悲劇の歴史を喜劇で繰り返す道化の類だと。

言うまでもなくこうした批判者が意図しているのは、旧ソ連社会とその崩壊である。ソ連崩壊によってマルクス理論の命運は尽きた。それなのにマルクスを持ち上げる者は愚かだというのが、こうした批判者の意図である。

まさにこの論点は、私自身にとって人生を左右する重大事でもあった。

マルクスを研究することで社会主義研究者と交流するようになり、ソ連が社会主義だと考えている人が多いことにかなり驚かされたというのが正直なところである。世間一般とは異なり、社会主義の専門研究者の間ではソ連は社会主義ではなくてむしろ「国家資本主義」だと規定するのが有力になってきているが、年配の研究者の中にはソ連が社会主義だと考えている場合が今でも少なくない。

ソ連が社会主義ならソ連崩壊は社会主義の失敗を意味するのであって、なぜその後も社会主義へのコミットメントを維持し続けられるのか、私には正直分らないところがある。こういう人々の評価だと、ソ連は確かに社会主義ではあったが、そこに歪みがあり、社会主義本来の良さを十全に発揮できなかったということのようである。歪みの原因としては、共産党一党独裁による抑圧的な政治体制や、冷戦構造に強制された過度の軍事費の支出によって経済活動が圧迫された等の理由が挙げられるようである。

しかしこうした説明では、社会主義の周縁的な特徴を理由付けることにはなるかもしれないが、社会主義の本質を適切に規定することはできないのではないか。

ある社会が社会主義であるかどうかというのは、マルクス的には生産様式の問題であり、生産の基本的な方法が先行する社会から根本的に変革されているかどうかが、メルクマールになるはずである。ソ連が曲がりなりにも社会主義であったならば、その生産様式は資本主義とは根本的に異なっているはずだ。果たしてそうだったのか。そしてもしそうした根本的な変革を経た社会ならば、指導政党の性格やその都度の予算状況のような原因で崩壊に押しやられるまでに歪みが極大化するというのはおかしいのではないか。

スターリンによって変質したのか？

この点に関して、今でもよく聞く次のような話がある。ソ連はなるほど当初は社会主義だった。レーニンのボリシェヴィキ革命は確かに成功だった。しかしレーニン没後に権力を簒奪《さんだつ》したスターリンによって変質し、終には社会主義とは縁のない抑圧社会に成り果ててしまったと。

しかしこの話はどこかおかしくないか。こういう話をする人もマルクス主義者である限りはマルクスの社会認識を前提的に共有しているはずである。そしてマルクスの社会認識の基本は、社会の基本性格は経済的な土台によって規定されるのであって、政治的な上部構造によってではないということである。ということは、レーニンが革命を成功裏に導いたということは、レーニン生前で既に資本主義的な生産関係が社会主義的に変革されていたということである。それがスターリンの政策によって社会主義ではなくなるというのである。スターリンの政治はいかにそれが非人間的で抑圧的なものであったにせよなお政治であって、政治とは社会領域としては上部構造に属するはずである。上部構造がどのようなあり方をしても経済構造が変化しなければその社会の基本性格は変わらないのであって、スターリンがどれほどレーニン的精神から逸脱した抑圧的政治を行なおうとも、一度レーニンによって確立された限りでの経済的土台である社会主義的生産関係は、その基本性格を変えることはないのである。そうではなくて、スターリンの悪政によって社会全体が変わってしまったのだというのならば、それは経済ではなくて政治が社会の基本性格を規定するという、マルクスが批判したドイツ・イデオローグの思考形式と同じである。

その社会が社会主義であるかどうかは、そこで為政者が善政を敷いているかとか、「民主主義が抑圧」されているかどうかとは基本的に関係ない。その社会は以前は社会主義だったが、その後の権力者の悪政によって社会主義ではなくなったというような説明は、非マルクス主義的な通俗的な説明としては成り立つのかもしれないが、マルクスその人とは関係ない。

歴史は喜劇として繰り返してはいない

ところが実際にはマルクスの後継者を自認する政治勢力などが、こうした非マルクス主義的な社会主義論を、それがマルクスと縁遠い、経済的土台の変革から目を逸らさせるブルジョア・イデオロギーの一変種になっていることを知ってか知らずか分らないが、それをマルクスの名の許に喧伝することで、マルクスや社会主義を支持する人々を混乱させるというようなことも起きている。

とはいえ、その社会が本当にマルクス的な意味での社会主義であるのならば、その社会で民主主義が抑圧されるというのは原理的にありえないはずである。というのは、マルクス的な意味での社会主義というのは協議した労働者が社会的総生産過程を導く社会だからである。労働者は社会の多数派であり、協議はそれが正常に作動している状態では労働者の意思を正確に代理しているはずだからである。多数派の主要な意思を反映することを生産の基本性格にしている社会ならば、その社会は原理的に民主的なあり方にしかなりようがなく、社会構造それ自体の制約として、独裁者が人々を抑圧するようなことはできないのである。

この意味で、スターリンが現れたという歴史的事実それ自体が、ソ連は元から社会主義ではなかったことを証明しているわけである。ソ連はトロツキズム的な「堕落した労働者国家」ではなく、元から社会主義ではないのである。人民の敵にまで堕落できるほど振り幅が大きい国家は、そもそも人民国家ではない。ここでは、社会主義には国家は存在しないのではという論点は一先ず措くとして。

ここから、歴史は喜劇として繰り返していないということが言えることになる。なぜならソ連はマルクスの理念を体現してなどおらず、社会主義は実現していないからである。そこで起きたのはむしろ、本当は社会主義ではない社会を社会主義だと強弁して自国民に押し付けつつ他国民に幻想を振りまき続けた一抑圧国家とその衛星諸国の終焉という一つの悲劇である。この悲劇を繰り返さないためには、何よりもあの社会が社会主義ではないこと、少なくともあの社会のイデオローグが宣伝し続けたように、それがカール・マルクスその人の理論的構想の地上的実現であるというのは全くの虚偽であるということを明確にすることである。

そして最大の皮肉は、ああした現実（に存在した）社会主義が社会主義ではないことの理論的根拠が、他ならぬカール・マルクスその人なのだということである。ある人物の名前を掲げて展開した世界史的な大運動の虚妄性が、他ならぬその人物の理論によってこそ最もよく説明されるという事態である。この意味では、現実社会主義を支持してきた人々や、現実社会主義に通じるようなイデオロギーを信奉してきた人々には身を切る思いがする話になるかも知れないが、マルクスの現代的な理論的可能性を模索するという本書の意図からは、避け得ない話題である。

現実社会主義は社会主義ではない

なぜ他ならぬマルクスの理論によってこそ現実社会主義が社会主義ではないということを説明できるかだが、社会主義は資本主義のような、それが社会主義ではない社会とは基本的性格を別にするからである。このことは既に指摘したように、マルクスが社会主義以前の社会を人類の「前史」と表現したことからも明らかである。もし以前の社会とその基本性格が変わらないのならば、わざわざ質的な断絶を思わせる言葉は使わないだろう。

そして資本主義はマルクスに拠れば、そうした前史の最終段階であり、その意味で前史を貫く克服されるべき社会の基本性格が最も色濃く出た社会ということになる。ではそうした資本主義とは本質的にどのような社会なのかが問題になる。なぜなら社会主義とは資本主義と基本性格を本質的に別にする社会だからである。ということは、社会主義とは何かを明らかにするためには、そもそも資本主義とは何かを解明しないといけないということになる。このことはまた、マルクスの理論こそが現実社会主義が社会主義ではないことを理論的に根拠付けられる理由にもなっている。なぜなら、他ならぬマルクスこそが、資本主義の本質を余人にできない形で解明しえたその人だからである。

マルクスによって資本主義がどのような社会として規定されていたかは、本書のこれまでの叙述から明らかだろう。資本とはマルクスに拠れば疎外された生産物であり、それによって作り出された主体である労働者を自らの増殖のための手段として客体に転化させてしまう人間関係のあり方である。そして資本の増殖とは何かを目的として行なわれる手段的なものではなく、増殖することそれ自体を目的にした運動である。これはまさにがん細胞に等しい。がん細胞が増え続けると死に至るが、がん細胞自体は不死身である。がん細胞を人体から切り離して栄養を与え続けると何時までも死なずに生き続ける。実際にそうして人体から取り出されて培養されて細胞株となっているがん細胞も存在する。

がん細胞に対する人体に相当するのは、資本の場合は人類社会それ自体である。その主要な徴候が環境問題であるというのは言うまでもないが、この問題は後ほど改めて論ずることにしたい。

労働過程の主体は労働者である

　では社会主義とは何かだが、まさにこうした資本主義とは反対の人間関係のあり方である。資本主義では労働者は客体にさせられて、労働者を道具的な手段として資本が生産を行なう。この場合、注意しなければならないのは、資本が行なうことができるのはあくまで社会全体の生産であって、個々の実際の労働ではないということである。個々の労働は諸個人が行なう対象化活動であって、それは労働過程によって実現される。つまり生産の実態である個々の労働は、資本主義であっても資本が行なっているのではなくて、労働者が行なっているのである。これは我々の社会のあり方を考えれば一目瞭然だろう。企業にあって労働を行ない生産活動をしているのは企業を所有する資本家ではなくて労働者である。しかし企業の主体はあくまで資本家であって労働者ではない。これは奴隷社会で労働を行ない生産を実現しているのは奴隷であるが、生産活動それ自体を主導しているのは奴隷ではなくて奴隷主であるのと同じである。

　ここでいったい何が行なわれているのかということである。人間が生きるためには飲んだり食べたりという最も基礎的なことから始めて、消費活動をする必要がある。そして消費を行なうためには、消費財を作り出さないといけない。これが生産の最も根源的な意味である。極端に言えば、栽培したのではなく、自生している果物の実をもいだだけでも生産活動である。実際マルクスは生産とは根源的には、「自然の取得」（『経済学批判要綱』）のことだと言っている。生産とは人間が自然に働きかけてその成果を我がものとすることであり、根源的には実際に何かを作り出すことに限られないわけである。狩猟採集時代とは、こうした意味での生産活動を人類が主要な生業としていた時期といえよう。

しかし人類が今日の繁栄を築き得たのは、狩猟採集を主要な生業とすることから脱し、農業を基本とした、「働いて何かを作り出す」という狭義の生産活動を行なうようになったからである。こうして消費財は主として普通の意味での生産労働によって作り出されるようになったのであり、生産労働が行なわれる労働過程が社会の中心的な構成要素になったのである。

労働過程というのは労働者によって行なわれるのであるから、労働過程の主体は労働者である。というよりも、労働者は労働過程の主体を意味するカテゴリーなのだから、労働過程の主体は労働者であるということは同義反復であり、トートロジカルな真に過ぎない。そして富を生み出すのは何時の時代でも労働過程で生産をする労働者である。奴隷社会では奴隷が労働過程を担い、資本主義では賃労働者が担う。しかし労働過程を支配し作動させるのは、前者では奴隷主であり、後者では資本家である。前者では実際に富を作り出す主体である奴隷は客体化されて、奴隷主の生産活動のための手段となる。後者では同じように実際に富を作り出す賃労働者は客体化されて、資本家の生産活動のための手段となる。社会全体の基本性格としては、奴隷社会では労働過程の主体である奴隷階級と、社会的総生産過程の主体である奴隷所有者階級とで労働過程と社会的総生産過程の主体が一致していない。同じように資本主義では労働過程の主体である労働者階級と、社会的総生産過程の主体である資本家階級とで、労働過程と生産過程の主体が一致していない。

これが人類の「前史」の基本性格なのである。人間は生きるためには労働をしなければならず、労働過程は常に存在する。だから労働過程はマルクスの言葉で言えば「永遠の自然的条件」である。そして労働過程の主体は定義上、労働者である。ところが人類はこれまでの歴史においてずっと、一部の例外を除いて、労働者ではない存在によって支配されてきた。例外の一つは、それを掠め取って蓄積できるまでの生産物の余剰が生じないような低生産力状態である。この場合は社会全体の富を不均衡に所有することに基づく階級的な支配被支配関係はないが、だからと言って平和なユートピア状況だと思うのは後の時代の者が抱きがちな幻想である。むしろ飢餓と貧困を基調とした社会だったというのが実情だろう。

等しく分配すれば飢餓を回避できるくらいの量の富があったとしても、それだからこそ少数者が富裕になって多数者が貧困になるという階級的な人間関係が形成されてしまうのである。奪えるだけの余剰があれば奪おうとするというのが、残念ながら前史における人間関係の基調と言えよう。

余剰がなければ疎外も起こらない

もう一つの例外は個人的で局所的な労働のあり方である。奴隷制社会にあっても奴隷を使わず自ら畑を耕して自給自足することは可能だが、当然これは主要な生産のあり方ではなく、局所的な特殊例に留まる。資本主義では商品経済に全生活過程が取り込まれているため、厳密な意味での自給自足、つまり商品を一切買わない生活は先ず不可能である。自らの畑で全て食糧を賄っているという人でも、種や飼料は別個購入するのが普通だし、これらを自給できているような人の家にも電化製品があるのが普通である。しかし、こんなに厳密に考えなくても、確かに普通の意味でほぼ自給自足に近い生活をすることは資本主義でも可能だし、こうした労働においては労働生産物は労働しない他者によって奪われることはない。その意味では、こうした自給自足的な労働では、労働は疎外されていないといえる可能性がある。実際マルクスも、個人的な自給自足的な自作農労働に、疎外されていない労働のイメージを重ねていた可能性がある。この論点は後にマルクスの未来社会像を具体的に描く文脈で再度大きく取り上げたい。

ここでは、こうした自作農への肯定的イメージを含みつつも、労働過程それ自体の基本性格は常に同じでありながら、実際に労働過程が作動する社会状況は生産様式によって全く異なっていることを示している『資本論』の文章を見ることにしたい。

小麦を味わっても、誰がそれを作ったかは殆ど分らないが、同じように、この過程を見ても、どのような諸条件の下でそれが行なわれるか、奴隷監視人の残酷な鞭の下かあるいは資本家の不安げな目の下か、キンキンナートゥスが彼の若干の耕作でそれを行うのか、あるいは未開人が石で野獣を倒すのか、ということは殆ど分らないのである。

（『資本論』）

小麦を作るのは労働過程であり、この過程が小麦を作る過程である限りで、労働者が労働手段を用いて小麦を作るという点では本質は同じである。ただし時代によって労働手段が大きく変わる場合もある。ほぼ手作業で行なわれる場合もあれば、大きく機械化されている場合もあるはずである。しかしここで問題にされているのはそうした労働過程内部の技術的相違ではなく、労働者が置かれている社会的条件である。

奴隷監視人の残酷な鞭の下にある労働過程の労働者は奴隷として、暴力的な強制によって働かせられている。望むような利潤をもたらしてくれるか気が気ではない資本家の不安げな目の下に働く賃労働者は、奴隷のように強要されずに自由ではあるが、働かないという選択がないという意味では自由は名目に過ぎない。いずれの労働過程でも、労働者は生産過程の手段として客体化されている。しかしキンキンナートゥスと未開人の場合は事情が異なる。こちらはいずれも奴隷や賃労働者のように生産物を搾取されていないので、その労働の基本性格は疎外されていないということになる。ただし、この二つの場合でもまた、大きく状況が異なることになる。未開人の労働が搾取されないのは、搾取できるだけの余剰がないからであり、ここでは絶対的な窮乏が基本条件だからである。当然これは望ましい社会のあり方ではない。マルクスが理想として展望したのは後に見るように、単に物質的に富裕であるだけの社会ではないが、逆に皆が等しく貧しい社会でもない。過剰な豊かさは無用だが、各人が十分に豊かさを得られるような物質的条件を提供する高度にある生産力は、マルクスにあっては理想社会の前提条件である。社会主義とは搾取のない社会だが、搾取できる財がないまでに各人が等しく貧しくなることではない。

理想的な労働のあり方へのオマージュ

こうして未開人労働はマルクスにあっては否定的に位置付けられているが、これに対してキンキンナートゥスの場合はむしろ積極的な肯定が含意されていると思われる。

キンキンナートゥスは古代ローマの伝説的な独裁官で、祖国を救った後にも栄華を求めずに、田園に引き篭って僅かな畑を耕し慎ましく暮らしたという英雄で、アメリカの都市シンシナティの語源になったことでも有名である。清廉潔白の象徴であるこの人物に託された畑仕事の描写だが、これは小規模な自作農を意味している。畑と農具という生産手段を自ら所有し、誰に強制されることもなく労働し、その労働の果実も償却分を除けば自らの物とできる。こうした労働のあり方である。こうした自作農的な労働は社会全体の生産様式単位では一度も確立されたことはなく、キンキンナートゥス自身も奴隷制的生産様式が支配的な社会の片隅で、局所的な例外として行なっているに過ぎない。

しかしここには、未来社会において実現されるべき、理想的な労働のあり方へのオマージュがある。こうした小規模な自作農業では確かに労働過程と生産過程の主体が分離することなく一致し、かつ未開人のような絶対的窮乏に喘いでいるわけでもないからである。

そこでこうした小規模自作農業は、マルクスにあってはポスト資本主義的な労働の原型として再評価されるのだが、ここではマルクスが、労働過程と社会的な総生産過程との主体の一致にこそ人類の前史を越える新社会の基本性格を見ていたことが確認できればよい。

こうして改めて、旧ソ連東欧のような現実社会主義が社会主義ではないことが明確になる。なぜなら現実社会主義もまた、労働過程と社会的総生産過程の主体が乖離するという、人類の前史と基本性格を共有していたからである。

これまで、ある社会が社会主義であるかどうかというメルクマールを、生産手段の私的所有の有無によって規定するのが慣例だった。今でもこの規定方法は通俗的な風説のレベルを超えて、社会主義の専門研究者の間でも定説的な地位を占めているように思われる。

通俗ジャーナリズム等では、その社会のスポークスパーソンの宣伝をそのまま受け入れて、社会主義だと言っているから社会主義だし、甚だしくは「共産党一党独裁」だから「共産主義」だなどと没概念的な言説を振りまいてきた。勿論ソ連も中国も自国が「共産主義社会」だなどと一言も言っていないので、通俗ジャーナリズムの勝手な誤解に過ぎなかったわけだが、こうした不正確でいい加減な言説の流布が、社会主義への適切な認識を大きく妨げることになったのは、かつての歴史の負の遺産ではある。

ともあれ、これまでの社会主義研究では生産手段の所有に重点が置かれ、これをその社会の基本性格を決めるメルクマールとしてきた。そうすると、確かにソ連では生産手段の私的所有は法律的に禁止されていた。そのため自己増殖する私的所有という通常の意味での資本はなかったし、資本の人格化である資本家は存在しなかった。この意味で、所有を視座にした分析ではソ連は確かに社会主義ということになる。この点で、ソ連共産党が自らを社会主義政治勢力だと位置付けていたことには一定の理論的根拠があるし、ソ連人民が自らを「社会主義祖国」の一員だと信じていたことは無知ゆえの妄想だと両断することはできないだろう。

しかしこの根源的な視点の設定それ自体に、根本的な錯誤があったのである。

生産手段の社会的所有

現実社会主義イデオローグが生産手段の所有形式に社会主義のメルクマールを求めたのは何よりもレーニンのお墨付きがあったからである。レーニンは初期著作から一貫して、生産手段の所有のあり方によって社会の基本性格を特徴付けていた。資本主義が資本主義であるゆえんは、この社会において生産手段が私的に所有されているからであり、生産手段を所有しているのが資本だからとされる。これに対して社会主義では生産手段の私的所有は禁じられ、生産手段は私的にではなくて公的に所有される。こうして生産手段の「社会的所有」がその社会が社会主義であるかどうかであるかのメルクマールだとされた。

確かに生産手段の社会的所有ということはレーニンが勝手に言い出したことではなく、既にマルクスと、取り分けエンゲルスによって強調されていた。エンゲルスは『反デューリング論』の中で、社会が生産手段を掌握するとか取得するというような表現で、資本主義が一部の人間が私的に生産手段を恣《ほしいまま》にしているのに対して、社会主義はこれを公的に管理するのだというようなことを述べようとしている。この際に問題なのは、社会的所有の中身である。これが私的ではなくて公的だという形式は分るが、具体的な内実については詳しく説明されていない。その代わりに、私的所有をどうやって社会的な所有に取って換えるかという戦術の議論が展開されている。それは増大して社会の多数派となったプロレタリアートが国家権力を掌握し、生産手段を先ず始めに国家所有に転ずるという方法である。

これは『共産党宣言』以来繰り返されてきた、エンゲルスの基本観点である。マルクスはこの観点を修正した可能性があるが、ここでは問わない。というのも、レーニンが継承して歴史的に常識化された社会主義革命観は、この『共産党宣言』のものだからである。

実はエンゲルスは、そしてこの点ではマルクスも同様に、こうした生産手段の国家所有は過渡的なものだと強調する。国家自体が階級的な抑圧装置だから、プロレタリアが主導権を握った社会主義国家は国家原理自体を自己否定する国家であり、死滅に向かう国家である。従って社会的な所有の形式は当初は国家所有だったが、国家自体がなくなることにより、国家所有という所有形式それ自体がなくなるということになる。国家がなくなった後の生産手段の管理方法をエンゲルスは述べていないが、これはマルクスが幾つかの著作で断片的に述べている。これこそがマルクスの共産主義論それ自体の具体的内実そのものということになるので、後で改めて論じる。

国家所有＝社会主義というプロパガンダ

こうしてエンゲルスによって、社会的所有とは少なくとも資本主義に後続するあり方としては国家所有だとされた。つまり、確かに永続するものでもされるべきものでもなく、死滅に向かって衰退していくものではあるものの、資本主義からの離脱地点では、何よりも生産手段を国家所有に転化することが、社会主義革命のメルクマールだとされたのである。このエンゲルスの観点をレーニンは継承し、生産手段を国家所有することが、社会主義の本質であり、最も重要な実質的内容だとしたのである。勿論レーニンも『国家と革命』をはじめとする主要著作で、国家の死滅という基本観点を繰り返している。しかしこのことは、政権を握って国家の運営主体となった政治勢力が、やがては自己の支配を放棄するというエクスキューズの上で、自らの支配を正当化する論拠を提供したのである。

これがソ連をはじめとする現実社会主義国家で起きた「社会主義革命」の基本線である。ソ連では資本主義と異なり私的な資本家ではなく、国家が生産手段を所有している。だからソ連は社会主義だという自己規定と正当化である。確かに現実社会主義でも国家はやがて死滅するという建前は維持されたものの、それは共産主義到来後の遠い未来のことであって、現実には国家が生産手段を所有し、国家が社会全体を指導し、国民を共産主義の理想へと導いていくとされたのである。

問題は、そうした国家とその指導層のあり方の内実が問われず、ただ国家所有だから社会主義だというプロパガンダになっていたという点である。ソ連をはじめとする現実社会主義では、自らを国家と称して所有する主体の具体的内実は不問に付されていたのである。

では誰が所有していたかといえば、形式的には国家組織の各機関であり、実質的にはそうした各機関を運営している国家官僚である。そして官僚によって運営される国家機関は共産党の指導を受けるものだとされ、実際に国家運営上の要職は共産党員によって占められていた。共産党は労働者政党だから党員は等しく兄弟的に連帯しているというのは建前であって、現実には指導する上級層と指導される下級層に分かれていた。またブルジョア政党にありがちな分派乱立による党内での方針対立による分裂は許されず、下部の意見を上部が汲み取って集約して、一旦決まったら反論の余地なく党全体で政策を遂行すべしという「民主集中制」が共産党の組織原理とされていた。これは現実社会主義諸国の指導政党のみならず、資本主義内の共産党でも今も主流な政治方針である。

ソ連ではスターリン時代にこうした民主集中制の上意下達的な面のみが過度に強調され、下部の意見を汲み上げる契機が等閑視されがちな「伝動ベルト」論が唱えられ、スターリン批判後も組織原理としてはスターリン主義的作風が温存されたため、民主集中制の民主の部分は骨抜きにされ、ヒエラルキー的な党組織による上から下への伝動ベルト的意思伝達という形の党運営が常態化していた。

このため官僚組織は先に見たように現代資本主義にあってもそうであるように、それ独自の論理展開によって自己自身をひたすら維持するための硬直的な秩序を形成していった。

こうしてよくジャーナリズムで聞かれる「党内序列」という奇怪な風習が、常態化したのである。

序列というくらいだから、それは人名がランク付けられて名簿化されたものである。こうした名簿を意味するラテン語からきている「ノーメンクラツーラ」という官僚層の上澄みが、共産党国家の指導層として形成された。つまりソ連をはじめとする「社会主義国家」による生産手段の国家所有の内実は、ノーメンクラツーラによる生産手段の所有と、こうした特権層を主体として社会的総生産過程が運営されたことである。

水平的に連帯した共同関係

ここでマルクスの本義に立ち返って考えてみたい。マルクスからすると、労働過程と生産過程の主体の不一致が人類前史の特徴ということになる。これに対して社会主義的本史は、原始的な貧困や局所的小農民経営で限定的に実現されていた労働過程と生産過程の主体の一致を、豊かさの中で全社会的に実現することから始まるとされた。この場合、社会的総生産の主体となる労働者は、資本家のように多数を収奪する少数者ではなくて、多数の代表としての管理者である。労働者によって選出され、労働者の総意に沿わない場合は直ちにリコールされるデレゲート(代表)が、生産を運営する社会である。こうした社会では、生産の主体である代表は、資本主義における資本家のように労働者の上に立つ支配者ではなく、選出された労働者として、選出した労働者全体と水平的に連帯した共同関係にある。こうした水平的人間観及び人間関係に基づく組織をマルクスはアソシエーションやフェラインと呼称する。従って社会主義における社会的総生産過程の主体はアソシエートした労働者としてのデレゲートである。これにより、労働過程と生産過程における主体の一致が、全社会的に実現されるのである。

　では現実社会主義はどうだったのかといえば、ノーメンクラツーラは労働者のデレゲートでは全くなかった。それがデレゲートなら、労働者によって選出され、常にリコールされうる存在でなければならない。しかしノーメンクラツーラが労働者の代表だというのは現実社会主義の支配政党である共産党が労働者の代表だというスローガン以上に空疎な建前であり、実際には労働者から完全に独立して、官僚層の上層部分として労働者大衆の上に君臨する支配階級だった。従って、現実社会主義で起こっていたことは、人類の本史の開始では全くなく、資本主義の資本家の位置にノーメンクラツーラが来たことである。このため、社会の主人公であるはずの労働者は資本主義での労働者同様に客体化されていた。

　この意味では、現実社会主義は資本主義以上に悪質な面があるといえる。資本主義社会の主人公が労働者だとは誰も思っていないし、イデオロギー的なプロパガンダとしても欺瞞《ぎまん》が過ぎるので、資本主義擁護勢力も自らの社会の主人公を労働者だと喧伝することは殆どない。精々労働者と資本家は経済の両輪として協調関係にあるというようなデマでお茶を濁す程度である。これに対して現実社会主義は自らの社会をマルクス的な意味での社会主義だと自称していたのであり、労働者から切り離された特権階級であるノーメンクラツーラを労働者の代表であるかのように詐称していたのである。こうした社会をかつては資本主義諸国内の多くのマルクス主義者が「労働者の祖国」だなどと思い込んでいたのは、情報の少なさ故に現実社会主義のイデオローグによるプロパガンダを鵜呑みにしてしまったということと共に、マルクス研究の未熟によりマルクスの理論的本義を正確につかめなかったという点も、無視できない理由になっている。

マルクスにとっての私的所有とは？

どうしてこのような錯誤が一般化されていたのかといえば、やはり社会主義のメルクマールを専ら所有に見ていたからである。「腐っても鯛」ではないが、資本主義諸国内のマルクス主義者も、ソ連社会の様々な歪を問題視していたが、たとえどんな問題があってもソ連では生産手段の私的所有が禁じられ国家によって所有されている社会として、社会主義には違いないと思い込んでいたのである。しかしここにこそ、実はマルクスその人の理論からの本質的な乖離があったのである。

このことを理解するためには、マルクスにとって私的所有とは何だったのかということを思い出す必要がある。先に見たように、マルクスにとって私的所有とは疎外された労働の結果だったのである。だから私的所有が既に克服されていると見なすためには、その社会で労働の疎外的性格が除去されていないといけないのである。ここでは形式ではなくて実質が重要なのだ。実際に疎外が止揚されている若しくは止揚への道筋に入れているというのでなければ、形式だけ取り繕ってもそれはまさに形だけのことで、実質的な中身は変化しないのである。

　ソ連をはじめとする現実社会主義では、確かに法という形式においては生産手段の私的所有を禁じたのではあったが、私的所有を実質的に生み出す原因は除去されていなかった。ソ連では労働者の生産物は資本家に奪われることはなかったが、資本家の代わりに官僚によって、そのためとは労働者に知らされることなく詐取され、ノーメンクラツーラを頂点とする国家機関の自己増殖に用いられた。これはソ連労働者の基本性格もまた資本主義での労働者同様に疎外されていたからである。そのためソ連とは、連帯した労働者が社会全体の生産を導くことなど到底叶わず、官僚制国家が国内の労働過程全体を手段にして社会的総生産過程を実現していた社会だった。

　このような転倒社会、新たな社会である社会主義を称しながら本質的性格を旧社会と共有している社会に理論的お墨付きを与えたのが、生産手段の私的所有に対する形式主義的理解である。そこで行なわれている労働のあり方の実質を見ることなしに、ただ所有の法律的形式を重視するのみだった貧困な社会主義理解が、現実社会主義を社会主義だと見なす錯誤を支えていたのである。

そしてこうした錯誤の究極的な理論的原因は、偏にマルクスの理論的核心が疎外論にあることが理解されなかったからである。もし理解されていたのならば、幾ら法的に私的所有を廃止しようとも、私的所有の原因は労働の疎外なのだから、労働のあり方そのものが社会主義にふさわしいものになっているかという観点から、現実社会主義で行なわれている労働過程の実体の分析に基づいて、この社会の生産様式の実質が判定されていただろう。マルクス的観点からすれば、社会全体のあり方を規定するのは上部構造ではなくて経済的土台である。だから法律的上部構造を視軸にして現実社会主義の基本性格を判断していたかつてのマルクス主義者は、まさに「論語読みの論語知らず」状態だったわけである。

ソ連の社会主義は実は資本主義?

ソ連を代表とする現実社会主義はこうして、マルクスが展望した人類前史後の新社会では全くない。そこで起きていたのは人類前史を特徴付ける基本である労働過程と生産過程の主体の不一致であり、社会の主人公として社会的総生産過程の主体であるべき労働者が、ノーメンクラツーラを頂点とする国家官僚によって客体化されていた疎外社会だった。この意味では、現実社会主義はその基本構造において資本主義と軌を一にする社会だった。

ここから、ソ連は社会主義ではなくて実は資本主義であるという理論が、強い説得力を持って迫ってくることになる。しかし、ではソ連は資本主義だったのかというと、そこには大きな理論的難点が存在する。というのは、マルクスによる資本の性格説明には、それが疎外された労働生産物であるという最も基本的で重要な概念規定の他に、付帯的ではあるがなお必要不可欠な補助的な理論化が伴っているからである。

確かにソ連では労働過程が疎外されていて、労働者は労働生産物を我が物とすることができずに国家官僚に奪われていた。そしてソ連国家権力は労働者から奪った富により自己肥大を続けていた。この点だけで社会の基本性格が全て規定されるというならば、ソ連は間違いなく資本主義である。しかしマルクスはまた、資本とは無目的に自己増殖する富だと見ていたはずである。何かそれ以外の目的のために儲けるのではなく、儲けるために儲けようとするのが資本の行動原則である。このため先に資本をがん細胞にたとえたのだった。そしてまさに実際、現代の資本主義は、資本の無目的な致富衝動によって、致命的な環境破壊へと突き進んでいるのであった。

ではソ連も資本主義だとしたら、ノーメンクラツーラもまた無目的な致富衝動に衝き動かされ、ひたすら資本蓄積に努めていたのだろうか？

これまたどんな資料を見ても、そういう証拠は見出せない。むしろノーメンクラツーラが目的にしていたのは、まさにその名称どおりに、リスト化された自らの順位を少しでも上げることと、できるだけ下がらないように保身するということではなかったか。となると一番上にいる支配者は自らの地位を奪われないように疑心暗鬼にならざるを得ないが、まさにこれこそがこうした社会システムを確立したスターリンその人の日常的な心理状態だったのである。

スターリンは1930年代の党内大粛清で反対派を一掃して支配権力を確立したが、自らの寝首がかかれるのではないかという猜疑心に終生囚われ続けた。スターリンが公用車から下りて出て行く写真が残されているが、目を引くのはそのドアの部厚さである。まさに装甲車のような重装備なのだ。既に反対派を一掃していてテロの危険はないはずなのに、実際にテロの危険があって何度も暗殺及び暗殺未遂に見舞われたアメリカ大統領公用車と同様の仕様なのである。これはスターリン個人のパーソナリティであるとともに、ノーメンクラツーラというシステムの頂点にいれば誰でもなる心理状態だろう。ノーメンクラツーラというシステムを作り出したスターリンその人が、まさに自らの作り出したシステムによって疎外されていたともいえよう。

こうしたノーメンクラツーラ・システムが、資本蓄積を至上命題にしていないのは余りにも自明ではないか。それが目的にしているのはまさに、自らをそのままに維持することそのものである。つまり、自らの支配を強化して永続させること、体制そのものを存続させることそれ自体が、現実社会主義の存立目的だったのではないか。

このため、資本主義では絶対の目的である資本蓄積は、現実社会主義では自らの体制維持のための手段の位置に来る。ソ連が重工業を発達させて資本蓄積に励んだのは、資本主義のように資本それ自体の衝動によってではなく、そうした資本蓄積が「社会主義祖国」としての威厳を示し、国内外に社会主義権力の正統性を誇示するためではなかったのかということである。

体制の維持それ自体を目的とした社会

このことは今から振り返ると、ソ連の実際の国力や生産力規模とは不釣合いなまでに軍事や宇宙開発で目覚しい成果を示せたのはなぜかという理由にもなる。

冷戦時代はアメリカの側も、ソ連との対抗上採算度外視で軍事や宇宙開発に投資する時期が確かにあった。アポロ計画はその代表で、宇宙開発の記念碑となる各種到達点（人工衛星、有人飛行、宇宙遊泳、女性初）を全てソ連に先行されてしまったアメリカには、もう月に行くしか残されていなかったのである。それでもこうした採算度外視は一時的な例外だし、採算度外視の宇宙計画時にも絶えず儲かる民生転用が模索されていたのである。これに対してソ連の軍事や宇宙開発は民生転用は二の次に、ひたすらそれ自体のために技術開発が目指されていた。このため、アメリカに匹敵する宇宙開発技術を持ちながら、資本蓄積に直結する民生部門では、話にならないようなお粗末さだったのである。笑うに笑えない話として、クレムリンには世界各国首脳と繋がるホットラインとしての黒電話が長期間にわたって設置されていたのだという。他の資本主義ではとっくに普及済みだったプッシュホンがなかったからだというわけだ。ソ連が資本主義ならば、こんなことはありえないだろう。

実際現実社会主義は、自らの体制維持のためには生産力それ自体を破壊することすら辞さない。スターリン時代にもスタハノフ運動や反トロツキスト闘争等によって労働現場は混乱させられ、生産力に打撃が与えられたが、より露骨な例はむしろ中国に見られる。大躍進政策と、特に文化大革命が代表である。大躍進もそうだが、取り分け文化大革命によって中国は長期間にわたってその生産力基盤が大規模に破壊された。誰の目にも明らかな形で、政治闘争やプロパガンダが資本蓄積に優先されたのである。果たしてこんなことが資本主義で可能だっただろうか？　少なくとも『資本論』の延長でものを考えるならば、「絶対に不可能」ということになるだろう。

マルクス的観点からは、資本主義社会の目的は資本蓄積で、政治権力は資本蓄積のための手段である。資本主義である限り、資本蓄積に有利な政治権力が主導権を握るのであり、資本蓄積を妨げるような政治勢力が長期間権力の座に就くことはない。露骨な歴史事例としては、チリのアジェンデ政権がある。選挙によって合法的に政権に就いたにもかかわらず、社会主義を明確に志向したため、アメリカの援助を受けたピノチェトのクーデタによって打倒された。南米では今でも9・11といえば2001年のビルアタックではなくて、1973年のチリ・クーデタを指すことが多い。

ここまで露骨なのは珍しいとしても、その社会が資本主義である限り、資本蓄積を妨げ、生産力基盤を長期にわたって破壊し続ける政治勢力がそのまま維持されるとは考えられないし、そのような実例もない。文化大革命は後期にはかなり沈静化されたとはいえ、実に10年以上も続いたのであり、このようなことが可能だったのは単に独裁権力だからという理由ではなくて、当時の中国が資本主義ではなかったことの動かぬ証拠だろう。資本主義ならば、生産力を破壊する独裁権力は、資本蓄積に有利な独裁権力に取って代わっていただろう。これがマルクス的な社会観からの自然な類推である。

現実社会主義は通常の資本主義と異なり、資本蓄積を至上命題としていなかったため、資本蓄積を大規模かつ長期間にわたって妨げる政治勢力が権力の座に就き続けられたのである。これはまさに、現実社会主義が資本主義のように資本蓄積ではなく、自らの体制の維持それ自体を目的にした社会だった証拠である。資本主義では資本蓄積を有利にする政治勢力が権力の座に就くが、現実社会主義では政治的威信の昂揚のために、資本蓄積はあっさりと犠牲にされるのである。

資本主義によく似た独特の抑圧社会

では現実社会主義とは一体何なのだろうか？

繰り返しているように、マルクス的観点からは、社会の基本性格は経済的土台のありようから規定される。労働過程で労働者が疎外されているかどうかというのが、最も基底的な概念規定となる。この意味で、現実社会主義の労働過程は資本主義同様に疎外されていて、生産物は資本主義の資本家に相当する国家官僚によって奪われていた。この面だけを見ると現実社会主義は確かに資本主義ということになる。だから近年は多くの研究者がソ連は実は資本主義だったと考えるのも、もっともなことだといえる。

しかしこの疎外の論点だけでその社会の基本性格を規定すると、資本主義とそれ以前の社会との性格の違いが曖昧になるという理論的困難がある。というのも古代の奴隷制社会にあっても労働者の労働過程は、まさに奴隷が労働者になっているということで、完全に疎外されていたからである。だからと言って奴隷制社会を資本主義だということはできない。そこで、労働者の労働過程からの疎外の有無という主要規定に、補助的な規定を増やして総体的に考える必要が生じる。それが疎外の問題と共にマルクスが重視してきた生産の目的である。

資本主義での生産の目的は資本蓄積だが、現実社会主義は違う。それは支配権力の維持であって、資本蓄積は政治支配のための手段である。この点では現実社会主義は資本主義とは明らかに異なる。ここから、現実社会主義とはマルクスの言う意味での社会主義ではなく、むしろ資本主義によく似た独特の抑圧社会だということになる。これは主要な概念規定を労働者の労働過程からの疎外に見る点ではソ連＝資本主義論の一種とも言えるが、生産の目的を資本主義とは異なる社会だと見る点では資本主義でも社会主義でもどちらでもないという「第三社会」論とも共通するものとなる。

この点で、ではソ連は通常の資本主義よりも国家権力の役割が大きい「国家資本主義」だと規定すればいいのではないかという話にもなる。ただ、この国家資本主義という概念規定は、マルクス的な観点から逸脱している可能性がある。なぜなら土台によって社会の基本性格を規定するのがマルクス的観点なのにもかかわらず、国家資本主義では国家という上部構造が主要な規定要素として含まれてしまうからである。その意味で、現実社会主義を大まかに規定するにはこの言葉を用いても大過ないが、正確な概念規定としては国家によって社会の基本性格を規定するという点で、我々が依拠するマルクス的な観点からは不正確な用語だといわざるを得ない。「資本主義によく似た独特の抑圧社会」という規定は熟していないが、「国家資本主義」という概念の原理的な困難を回避するための苦肉の策と理解されたい。

再検討されるべきユーゴ型社会主義の意義

最後に付け加えておきたいのは、ここで「現実社会主義」としてイメージされているのは、ペレストロイカ前のソ連や鄧小平の改革開放路線前の中国を典型とした、広義のスターリン主義型の社会主義だということである。同じように現実社会主義でも、この祖型からずれている社会は念頭に置いていない。取り分け反スターリンを標榜してソ連とは異なる独自の経済運営を目指した旧ユーゴスラビアは含まれていない。

ユーゴスラビアは自主管理社会主義を標榜していて、理念の上では次章で見るマルクスその人の社会主義ビジョンの延長線上にある。その点で、生産手段の国家所有を社会主義のメルクマールとした大多数の現実社会主義とは一線を画す。だからといってユーゴ社会がマルクス的な意味での社会主義を実現していたとはいえない。それはマルクス的には社会主義は資本主義的な生産力水準を超えた社会であるはずなのに対して、ユーゴはむしろ資本主義が全く成熟していない低生産力状態の農業中心社会であったという原則的な面が第一である。この他に、労働者が協議して運営するはずの社会主義的生産過程はスターリン主義型の一党独裁と調和しようがないのに、政治路線と経済運営では反スターリン主義を掲げたユーゴも政権運営はスターリン主義型政治組織で行なわれていたという実際的問題点もある。これらのことから、ユーゴの自主管理路線はマルクス的な本義では社会主義といえるまでの水準に達していなかったと評価せざるを得ない。

それにもかかわらず、理念的な形式にあっては確かに、社会主義の本質を労働者自主管理とし、労働過程が労働者以外の他者に支配されることなく、労働者自らが管理することにメルクマールを見出したユーゴの社会主義路線は、ソ連が歪められた誤解の上に立脚していたのと対照的に、なお一党独裁権力の支配というような矛盾を孕みつつも、マルクス的な観点の素直な延長線上にあったという、「失敗した正解」の実例と受け止める必要がある。

この意味で、同じように失敗を教訓化するとしても、ソ連型社会主義とユーゴ型社会主義では位相が異なることになる。ソ連型ではマルクスのオリジナルな理念の歪曲とその帰結を見る必要があるが、ユーゴ型では時期尚早や未熟さ、理念先行で現実が付いていかなかったというような点を教訓化する必要がある。この意味で、ユーゴ社会主義の社会実験としての意義が今後大々的に再検討されていくことも、社会主義の未来をこれから模索する上で必須の理論的課題だと言える。

ともあれ、見てきたように、マルクス理論の死刑宣言のように受け取られてきたソ連東欧社会の崩壊は、何らマルクス理論の限界を指し示すものではないということが明確になったと思う。ソ連のような現実社会主義は実は社会主義ではないからである。そしてあの社会が社会主義はないことを明確にできるのが、カール・マルクスその人の理論だということである。

この意味で、マルクスの理論的可能性は現実社会主義崩壊によって潰えたどころではない。これからが本番なのである。そして今後のマルクス主義的な理論探求や社会主義運動にあっては、崩壊した社会主義の教訓をこれまで以上にしっかりと理論化することが求められるのである。

4章 ポスト資本主義への想像力

ゲノッセンシャフトの概念

マルクス主義思潮の根本的な誤謬

旧ソ連東欧の現実（に存在した）社会主義は、実は社会主義ではなく、むしろ資本主義によく似た独特の抑圧社会に過ぎなかったことを見てきた。そしてこの認識の論拠になるのが、他ならぬカール・マルクスその人の理論であることを明らかにした。ソ連や東欧の支配勢力はマルクス主義者を自認していたが、その究極根拠であるはずのマルクス自身の理論によって自らの存立根拠が否定されてしまうという皮肉が、歴史の真実であった。

ここから、現実社会主義の崩壊は、未だに世間一般では誤解されているようなマルクスの理論的可能性の終焉では全くないことも、明らかになった。このことは、当然の常識だと広く思われていることも必ずしもそうではなく、そうでしかありえない現実だとされているものも、そうとは限らないという可能性を示唆している。

だから今度は、現実社会主義の崩壊により、いわゆる「計画経済」は不可能であり、自由主義的な市場経済しかありえないという常識もまた、問い質される必要が生じてくる。

確かにソ連で行なわれていたとされるような「計画経済」は不可能である以上に、それが可能であるとしても行なうべきではない経済のあり方である。なぜなら、ソ連の計画経済なるものは、労働者から疎外された国家官僚が労働者の都合を無視して行なっていたものだからである。

そもそもマルクスにもエンゲルスにも「計画経済」という熟語それ自体を用いていた形跡はない。しかしこれが労働者が水平的なアソシエーションを原理として連合し、熟議された協議によって運営する経済のあり方であり、市場の自動調整機能を土台にしていない経済のあり方を指すのだとしたら、確かにマルクス的な社会主義経済は計画経済ということになろう。そしてソ連の崩壊がこのマルクス的な意味での計画経済の失敗を意味していないのは、繰り返していうまでもないだろう。

このことは、人類が永遠に市場経済から脱出できないという、反社会主義勢力が掲げるドグマもまた、実地で検証されたわけではないことを意味する。

だいたい資本主義にしても社会主義にしても、それが未来において不変のまま永続するとはいえないし、逆に必ず変化するともいえないはずである。この点で、これまでのマルクス主義思潮は確かに根本的な誤謬にとらわれていたといわざるを得ない。

マルクスの没後に本格的に形成されたマルクス主義思潮は、レーニン以降のロシアマルクス主義も、これに対抗していた第二インターナショナル系の社会民主勢力も押しなべて、社会主義を歴史の必然として捉えていた。この場合、政治運動のような上部構造領域の役割をどう見るのか、レーニン主義のように議会外の革命的実践を主眼とするか、社会民主主義のように議会を通しての漸進的改良を標榜するかの違いはあるにせよ、社会主義とは基本的に生産力の自動的な増大によって必然的にもたらされる未来だという大前提は共通していた。

しかしこの前提それ自体が間違っていたのではないかということだ。

科学者ではなく宗教者にふさわしい態度

確かに人類社会が文明といっていいような生産力段階に高まって以降は、生産力の漸増は基本的な趨勢であり、未来が今より高生産力状態になっているのは自然な類推ではある。しかし文明危機の現在にあっては、むしろ生産力はある一定の時期を境にカタストロフ的に低下するかもしれない。資本主義が社会主義にならざるを得ない段階に生産力を高める前に、資本主義のままで人類文明それ自体が崩壊してしまうかもしれない。

また、一層根本的な前提として、生産力の高度化が生産関係の変革をもたらすという唯物史観それ自体が、あくまで過去の歴史推移の観察に基づいた一つの仮説に過ぎないという点がある。我々はこの仮説は正しいのではないかと考え、それだからマルクスを支持してもいるのだが、だからと言って未来は必ず社会主義になると断言することはできない。なぜなら単なる仮説ではなくて絶対的に到来する未来だと断言するという態度は、科学者ではなくて宗教者にふさわしいものだからである。

我々は宗教が死後の世界や未来について何かを断定するのを咎めることはない。それはあくまで宗教的な予言であって、科学的な理論ではないからである。また宗教者も通常は、こうした予言の類を物理法則と等しいような確実性があるものだと言い切ることはしない。科学とは別次元の信仰の問題として語るのが、通常の宗教者の態度であり、物理法則と何ら違いのない明証的な真理だと信者に信じ込ませようとするのはカルト的な望ましくない宗教のあり方だと、多くの宗教者は考えている。

ところがマルクス以降のマルクス主義思潮の基本性格は、こうしたカルトに類似したものだった。マルクス主義は「科学的社会主義」として、自らの学説の科学性を強調してきた。それなのに、社会主義は必然的に到来する未来だということを断言し続けてきた。しかしこうした断言は科学ではなくて宗教の領域に属する。宗教は通常、自らを科学だと称したりはしないが、マルクス主義は科学と称しながら宗教と同次元の言説を繰り返していた。これはつまり、これまでのマルクス主義の基本潮流が、科学的社会主義との自称とは異なり、むしろ疑似科学的で疑似宗教的でもある「非科学的社会主義」であったことを意味する。

このようにマルクスの学説が後継者に非科学的な教義として継承された責任の一端はマルクス自身の叙述方法にもあると思われるが、主要な源泉はエンゲルスの後期著作群である。若きエンゲルスが若きマルクスと共有していた科学的精神をマルクスはそのまま維持していたのに対して、エンゲルスが後年になって放棄してしまったことが、非科学的な「科学的社会主義」の直接的源泉である。その経緯の具体的説明はここでは割愛するが、ともあれこうして世間一般に流通しているような通俗的なマルクス（主義）理解、歴史的に必然の未来としての社会主義を科学的に証明したというような非科学的な言説は全く不適切なものであり、マルクスに則って未来社会である社会主義を議論する際には、必然的な決定ではなくて、望ましい可能性の次元を問題にしているのだということを、マルクスにコミットする人々は自覚的に明言する必要があるし、少なくとも私ははっきりと強調しておきたい。[5]

市場のない経済のあり方を展望する

しかしこうした旧来のマルクス主義思潮への、マルクスにコミットする者としての自己反省は返す刀で、反対勢力にも同じ認識水準を要求することにつながる。

マルクスはエンゲルスと異なり、それが容易に実現されないことを自覚していたが、基本的には市場のない経済のあり方を展望していた。これに対して批判勢力は市場をなくすことは不可能だと断言して、マルクス主義思潮の空想性を揶揄するのが常だった。[6]

市場のない経済が不可能だという批判の実証例として批判勢力が常に持ち出すのは、「ソ連東欧の計画経済」の失敗なるものだが、先に見たようにマルクスの理論に対する何らの反例になっていない。

こうした批判者の無知を指摘して一蹴するのでもいいが、幾ら批判者が頓珍漢であったとしても、市場に拠らない財の分配に大きな困難があるのは、確かなことだろう。実際ソ連の疑似計画経済にあっては、財の流通に際して一々国家機関の官僚主義的干渉があったため、資本主義的市場での売買にはない迂回経路から生じる手続き的な煩雑さにより、経済運営は資本主義諸国に比べて著しく非効率となっていた。これは市場をなくすことが不可能なことの証拠にはならないが、困難である可能性を示唆するとはいえよう。

そこでマルクス主義思潮にあってもいわゆる市場社会主義が説かれてきたし、マルクス自

▼5——詳しくは拙著『初期マルクスの疎外論——疎外論超克説批判』第8章「エンゲルスと疎外論の変質」参照。簡潔な解説が拙著『マルクス哲学入門』（社会評論社、２０１８年）第９章「マルクスとエンゲルスの関係」にある。

▼6——マルクスは『ゴータ綱領批判』で、資本主義から離脱したばかりの新社会の資本主義との連続性を強調している。新社会は貨幣ではなくZeichen（マーク＝徴の意味。我が国では重々しい「労働証券」という定訳がある）で交換を行なうため、明らかに資本主義的な市場とは異なる経済とはなっているが、この労働証券の実際的機能は資本主義での貨幣と類似したものであることを示唆している。これに対してエンゲルスは『反デューリング論』で、社会主義になれば資本主義的な価値法則を媒介することなしに、あらゆる財の生産に必要な労働時間を直ちに簡単に計算できるようになると楽観している。資本主義での価値に相当する内容を表示する労働証券すら必要のない経済が直ちに実現できると言っているわけである。これはマルクスとは全く異なる経済構想である。『ゴータ綱領批判』を読んだはずのエンゲルスがこれを全く踏まえず、論点をお互いに知っていたはずのマルクスとエンゲルスが明確な意見対立を表明している事実がないというのは、マルクス研究上の一つの謎である。エンゲルスがマルクスの真意を理解できなかったというのが最もありそうな解ではある。

身も『ゴータ綱領批判』で、市場社会主義とは言い難いが、市場に慣れた人々の行動様式においては、市場経済は容易には解消されないというような議論が示唆されていた。

しかしこうしたことから市場は絶対になくせないと断言する批判勢力は、まさに批判対象であるこれまでの主流的なマルクス主義思潮と同質の誤りを犯していることになる。未来の出来事をあたかも絶対的な科学的真理であるかのように強弁するという点で。

この意味で、我々はマルクスの未来社会構想を、批判勢力の論難を受け止めつつ、必ずそうなるはずだとも絶対にそうなるべきだともいうような疑似科学的及び疑似宗教的迷妄に陥ることなく、望ましい未来の青写真を構想するに際しての一つの有力なヒントとして受け止めて、これをたたき台としてよりよい構想を鍛え直す素材として利用するような態度が望まれるだろう。

SF的空想から離れる

ではこのような批判的受容というスタンスで受け止められるべきマルクスの社会主義構想はどのようなものであったのか。これまで随所で触れてきたが、ここで改めてまとまった形で整理しておきたい。

マルクスは言うまでもなく、歴史上最も有名で最も重要である社会主義者であり、共産主義者でもあるが、それにもかかわらずというか、それだからというべきか、彼の社会主義または共産主義論は、一義的な理解が定説として確立しているとは言い難い状況にある。というよりも、これまでマルクスの社会主義論といわれてきたものは基本的に、エンゲルスが『空想から科学への社会主義の発展』として抜粋しまとめた『反デューリング論』の社会主義論を出発点にして、その後のレーニンによる注釈を経て、スターリン主義的な枠組みで教科書的にまとめられた未来像で、ソ連の国定教科書に体現されていたように、基本的に物質的な豊かさのみが一面的に強調されるSF的空想を想起させるものだった。つまり、マルクスその人の社会主義または共産主義構想をマルクスのテキストに即して、その論理構造を追いながら明確にしていくという学問的作業は、例外的な少数に過ぎなかった。

しかしこうした例外的作業こそ、本当はこれまでのマルクス主義思潮に求められたものであり、これからマルクスのビジョンを生かす形で展開しようとする社会主義思潮にも必ず求められる学問的態度である。

本書はあくまで一般向けの概説書のため、専門研究論文のようにマルクスの文言を沢山引用しながら先行研究を吟味していくというようなスタイルは取れない。基本的にマルクスの文章をパラフレーズして分り易く翻案しながら、マルクスの真意を明確にするように努めたい。

すぐ前で、マルクスは社会主義者であり共産主義者でもあるとか、マルクスの社会主義または共産主義構想と記したが、実はこの「社会主義」と「共産主義」という言葉自体、マルクス主義を含めた社会主義思潮一般は元より、マルクス主義思潮内部であっても、一義的に規定されているとはいえない状況にある。これは出発点であるマルクス自身についても言える。

マルクスは既に初期の『経済学・哲学草稿』ではっきりと共産主義の立場に達し、当時の共産主義の否定的側面を「粗野な共産主義」や「未だに私的所有に囚われている共産主義」といったように否定的に類型化し、これに「人間の自己疎外の積極的止揚としての共産主義」という自らの立場を対比している。

しかし、この自らの立場である共産主義はあくまで変革の初期段階の実践的な革命運動を指すに過ぎず、通常「共産主義」という言葉で現在は理解されているような、人類社会の最終的社会形態であるユートピア状況を指すような意味としては使われていない。そのような最終目標となる社会は『経済学・哲学草稿』では「社会主義としての社会主義」と言われている。加えてマルクスは十分に自己実現を果たした理想的人間を「社会主義的人間」とも言っており、マルクスが目指しているのは共産主義ではなく社会主義ということになる。『経済学・哲学草稿』のマルクスの立場は共産主義だというのが一般的であり定説でもあるが、しかし厳密にはここでのマルクスは共産主義者ではなくて社会主義者ということになる。

だが、このように共産主義を社会主義の低次段階だとするのはこの『経済学・哲学草稿』

に独自な視点で、すぐ後の『ドイツ・イデオロギー』では理想社会の呼称は共産主義で統一される。そして『共産党宣言』ではまさにそのタイトルどおりに、自らの立場を共産主義だと明示することになる。

以降、マルクスとエンゲルスは自他共に認める代表的な共産主義者となったが、そのエンゲルスにしても、『反デューリング論』が『空想から科学への社会主義の発展』というタイトルで再編集されたように、自らの立場を科学的な「社会主義」だと自称している。そしてこのエンゲルス由来の「科学的社会主義」という今日一般化した名称に対して、当のマルクスも積極的に反対することはなく追認した形になっている。

ということは、社会主義と共産主義という呼称自体は、その内容が明確になっていればコンパチブルに使っていいと、オリジネーターであるマルクス自身が考えていた公算が高い。

初期段階の社会主義、発展段階の共産主義

今日ではこの社会主義と共産主義という概念はマルクス主義の文脈では、レーニンがそうしたことに倣って、人類本史の初期段階を社会主義、発展段階を共産主義と分けることが一般化している。この通常の用法に異議を唱える必要はないが、この段階分けについては注意すべき論点がある。

レーニンが社会主義を初期、共産主義を発展期と分けたのは、マルクスの『ゴータ綱領批判』に従ってである。ただし『ゴータ綱領批判』では初期も発展期も共に共産主義で統一されている。問題は、理想社会をこうして段階分けするのは専らマルクスの観点であって、エンゲルスは必ずしもそうではないのではないかという点である。

マルクスの段階論的思考は初期の『経済学・哲学草稿』から晩年の『ゴータ綱領批判』まで一貫している。対して『ドイツ・イデオロギー』や『反デューリング論』にはこうした段階論的な思考は見られない。

『ドイツ・イデオロギー』はマルクスとエンゲルスの共著であるが、その理論的な主導権ははっきりとマルクスにある。しかし『ドイツ・イデオロギー』の文章それ自体は、その主文はエンゲルスによって書かれており、マルクスはエンゲルスの主文を添削するという形で構成されている。そのため、理論的主導権はマルクスにあるとはいえ、マルクスの単独著作に比べればエンゲルスの個性が強く出ている面がある。その一つが、共産主義の段階がはっきりと分かたれていないことではないかと思われる。推測ではあるが、エンゲルスはマルクスとは逆に、理想社会を段階分けするという観点が初めからなかったのかもしれない。『反デューリング論』でエンゲルスは先にも見たように、価値法則のような資本主義遺制は理想社会になれば簡単に克服できると高を括っている。マルクスは全く反対に、資本主義遺制が共産主義の初期段階では中々克服されないことを強調している。この『反デューリング論』

は1878年の著作であり、1875年に書かれた『ゴータ綱領批判』にエンゲルスは目を通していたわけだが、その問題意識は全く共有されていない。これは両者の社会主義及び共産主義観の根源的な相違を示唆している。▼7

とまれ、こうした専門的な議論は本書ではここまでとし、マルクス主義思潮は元より、その始祖であるマルクスやエンゲルスにしてからが、自らの立場を指し示す用語である社会主義や共産主義それ自体をコンパチブルに用いていたと考えられる余地があり、マルクスの社会主義論や共産主義論がまだまだ定説が確定したとするには程遠い議論の余地がある理論なのだということを理解して貰えれば十分である。

そしてここで問題にするのはあくまでマルクス自身の社会主義（共産主義）論である。エンゲルスの社会主義論との異同は重要なテーマだが、本書ではこれ以上は深入りせずに、マルクスその人の社会主義理論の原像と理論的可能性を明確にすることに努めたい。

▼7――『ドイツ・イデオロギー』におけるマルクスとエンゲルスの「持分問題」というのが初期マルクス研究の重要論点の一つになっているが、こうした細かな専門的問題は本書では詳論しない。興味ある読者は拙著『初期マルクスの疎外論』を参照されたい。

マニュアル的労働からクリエイティブ活動へ

マルクスが社会主義（以降は共産主義とコンパチブルな意味で用いる）を自らの目指す社会のあり方としてまとめて語っているのは『経済学・哲学草稿』を嚆矢とするが、ここではまだ具体的な経済システムの話ができておらず、議論は専ら哲学的次元で行なわれている。これは若きマルクスの理論的限界ではあるが、だからと言ってそれは『経済学・哲学草稿』の議論を無視して省みなくていいということでは全くない。そもそも後年のマルクスの社会主義論にしても、最も具体的に展開されている『ゴータ綱領批判』にしてからが、基本的な方向性の示唆に留まっている。

これはマルクスの認識不足であるというよりも、対象となっているのが未来社会であることから来る原理的制約である。これからどうなるのか、そしてどうなるべきかの予測なのだから、まるで見てきたような事細かい議論をしたのでは、理論全体の信憑性を失わせてしまう。実際フーリエなどはこうした事細かな叙述を行なっていて、この点では彼を「空想的社会主義者」と呼んだエンゲルスは必ずしも不当ではない。

マルクスは理想の労働のあり方について『経済学批判要綱』の中で議論している。マルクスに拠れば「自己実現として、主体の対象化として、それだからリアルな自由である、そのような活動こそがまさに労働である」。そしてマルクスは、そうした真実の労働が実現される理想社会では労働は単なる遊びになるというフーリエの構想を「グリゼットを着たパリ娘のような（grisettenmäßig）軽薄さ」だと揶揄している。グリゼットは当時のパリで労働者階級の若い女性が着ていた服装であり、転じてそうした女性自身を指し示す言葉になったとのことだが、そうした女性を無知のたとえに使う女性差別的な表現には苦笑せざるを得ないものの、こうしたフーリエに対してマルクスは真実に自由な労働の一例として作曲を挙げ、これが理想的活動である理由を「とんでもなく糞真面目」で、「極度に張り詰めた努力」だからだとしている。

　ということは、マルクスの展望した理想社会では、ルーティン的なつまらないマニュアル労働はなくなり、まるで作曲のようなクリエイティブな活動に転化するということになる。こうしたことはまた、マルクスが理想社会のあり方をフーリエのように過度に具体的に語らない理由にもなっているはずである。なぜなら、労働一般が作曲のような活動になるという社会のあり方を事細かに語るのは不毛だからだ。だからマルクスはこうした不毛な作業をする代わりに、読者に未来社会への想像力を喚起するように、一方で『ゴータ綱領批判』で行なったように理想の社会システムについての骨子的な話をし、他方で『ドイツ・イデオロギー』でのように文学的表現を用いて、不毛な予言の領域にまで行かない範囲で具体的なイメージを持たせようと努めたわけである。だがそれがかえって後代の解釈者に大きな誤解を与えてしまったことはすぐ後に述べるが。

ともあれ、こうしたマルクスの未来社会論の基本性格から、『ゴータ綱領批判』のようにまだ未来社会の経済システムの骨子をつかみきれていない『経済学・哲学草稿』の叙述にあっても、基本的な方向性の提示という次元では後年の著作と等しく重視する必要がある。というのは確かにまだその叙述には後年のような具体性が不足しているとしても、その基本的な方向性にあっては『経済学・哲学草稿』の未来社会論かつ理想社会論は、『資本論』や『ゴータ綱領批判』と軌を一にしているからである。

それはマルクスにあって理想の未来社会とは基本的に、そこにおいて人間性が損なわれている資本主義社会の裏返しだからである。

マルクスが理想とした未来社会

繰り返すが、社会を見つめるマルクスの基本的な視座は、社会の基本性格を経済的土台から規定することである。資本主義の最も根本的な本質はそこにおいて労働が疎外されていることである。なぜなら資本とは疎外された生産物の怪物的転化だからである。

ということは、マルクスにあって理想として目指されるべき未来社会は、労働が疎外的性格を帯びることなく、そのため労働者が自らの生産物に支配されることがないような社会である。

このような理想社会が何故人間にとって必要なのか、何故人は共産主義者にならねばならないのかということの哲学的次元での問いは、後年のマルクスの著作では自明の前提として後景化しがちになっているが、まさに共産主義者としての自らのポジションを固めたばかりの初期著作には、哲学次元の未来社会論が豊富に展開されている。今日の我々からすると、むしろこうした哲学的な次元での共産主義論こそが興味深く感じられるのではないだろうか。資本主義の持続可能性が環境問題によって脅かされている今だからこそ、そもそも論の次元で新社会を語る若きマルクス、特に最も詳細な議論が展開されている『経済学・哲学草稿』の叙述が興味深いものに映らないだろうか。

ではその『経済学・哲学草稿』の未来社会論だが、先に検討した第一草稿での疎外された労働の議論を受けて、主として第三草稿で展開されている。

既に見たように、第一草稿でマルクスは、「国民経済学的状態」である資本主義における疎外された労働の現実を批判的に提示し、これを克服するための方途を見出すためにそうした疎外の歴史的起源への問いを提起したのだった。それと共にマルクスは、それ自体は疎外された労働の産物であるにもかかわらず、一度成立すると今度は逆に労働の疎外を再生産する原動力となる私的所有、後のマルクスの言葉では資本に当たる私的所有を、その反対の所有のあり方、私的にではなく労働者が真実に我が物とする（Aneignung＝疎外Entfremdungの反対概念）こと、これをマルクスは「真に人間的にして社会的な所有」というのだが、こうした理想的な所有のあり方を、疎外されない労働としての獲得（Aneignung）との関係の中で明らかにする必要があると、問題提起したのだった。

こちらの問題提起は疎外の起源の問いと異なり、この『経済学・哲学草稿』執筆時点で明確になっていた。第三草稿において展開される共産主義論が、その答えとなっている。

なぜ共産主義論が私的所有の本質への問いに対する答えになるかといえば、共産主義はその本質において私的所有の否定だからである。

共産主義が私的所有の否定として規定されるということは、そこにおいて私的所有がどのように否定されているかによって共産主義という社会の性質が決定されるということである。

そこでマルクスは、私的所有の否定運動である共産主義の本質を明確にするために、共産主義社会の類型化を行なう。これはマルクスが求めるような「そうあるべき」共産主義が、当時の通俗的な共産主義理解である「そうあるべきではない」共産主義と混同されるのを防ぐためである。

自由恋愛をきっぱりと否定したマルクス

実はこの混同は、現代の日本でもありふれたものとなっている。共産主義とは生産財のみならず消費財を含めた一切の財産を全て否定するものだという誤解である。この「共産主義」は一切の所有を否定することで、貧富の差を完全になくそうとする。実際今の日本でも、共産主義といえば全てが平等になって貧富の格差がなくなる反面、自分自身の物を持つことができないような不自由な社会であり、万人が豊かになるのではなくてむしろ逆に万人が貧しくなる水準で均質化されている社会だというようなイメージが根強い。そしてマルクスこそが、こうした「万人貧困化社会」である無機質で非人間的な「共産主義」なるものを提起した首魁《しゅかい》だと思われてもいる。

ところがまさにマルクスはこうした通俗的な偏見とは裏腹に、所有を機械的に否定して万人を均質化するような社会構想を、全く粗野で無思想な共産主義と完全否定するのである。

この粗野な共産主義は私的所有を完全に否定しているように見えるが、それは見せ掛けに過ぎないのだという。むしろこの共産主義では人々はまだ実は所有へのこだわりに大きく囚われていて、自らが所有できないものを全て暴力的に否定する。

目に見える財は購買力があれば誰でも所有することができるが、目に見えない富はそうではない。金を出せば本を幾らでも買うことができるが、本に書かれた内容をものにするためにはそれを読まなければならない。才能や努力は買うことはできないのである。このため、どのような理想社会にあっても各人の個性の違いは前提である。才能は伸ばすべきものであり、出すぎた釘を叩いて下方で均質化してはいけない。しかしこの粗野な共産主義では目に見える財のみが富なので、才能のような目に見えない豊かさは「暴力的に無視」される。

この粗野な共産主義では生活財を低い水準で均等に共有することが社会全体の目的になる。資本主義において労働者は生存のための生活財を先ずは稼ぐことが求められるが、粗野な共産主義では、「こうした資本主義における疎外された労働者という規定は止揚されず、万人の上に拡大される」。

この社会は共産主義を自称しているため、ブルジョア的諸制度のことごとくに反対しようとする。しかしその反対方法はまさに粗野そのものである。その代表がブルジョア的結婚制度に対置される、「女性共有」である。

女性共有の原語はWeibergemeinschaft（ヴァイバーゲマインシャフト）という。「ヴァイプ」は英語の「ワイフ」に当たるが、ドイツ語の場合は英語と少し異なり、やや卑俗な含みを帯びた言葉とされる。そのため、ドイツ語ではワイフはむしろFrauという言い方をする。ゲマインシャフトは一般的に家族のような親密な共同体に用いられる。そのためWeibergemeinschaftというのは直訳すると「女の共同体」という感じになる。

ここでのマルクスには恐らく、フーリエが主張したような、ユートピア的に理想化された自由恋愛社会のようなものが念頭にあったのだろう。そしてマルクスはこうした自由恋愛を、きっぱりと否定しているのである。

これはマルクス及び共産主義に対する一般的なイメージからは、かなり意外な事実ではないだろうか。マルクスや共産主義に敵対するのではなく、むしろこれに共感するような人々の中には、ブルジョア的結婚制度の否定は特定のパートナーと永続的な関係を結ばない自由恋愛だと考えていた人は数多いし、今も少なくないのではないだろうか。ところがこうした思潮の源泉だと思われている当のマルクス自身は、はっきりと自由恋愛に反対していたのである。勿論マルクスも結婚制度自体を無条件に支持していたわけではない。自由恋愛を否定する同じ『経済学・哲学草稿』で、結婚を排他的な私的所有の一つのあり方だとしている。しかしそこからマルクスは結婚という形で特定のパートナーと永続的な関係を結ぶことを否定してはいない。

実際マルクスがこの『経済学・哲学草稿』を書いていたパリは、幼馴染にして生涯のパートナーとなったイエニー・フォン・ヴェストファーレンとの新婚生活を送っている地でもあった。そんな新婚生活の感激もあってか、このパリ草稿では後年の著作では殆ど言及されることがなくなった男女関係についての情熱的な叙述が見られる。

新婚のマルクスにとって、「女の共同体」は理想的な男女関係どころか、「普遍的な売春」であり、他人のパートナーを羨ましがって我が物としたがるという悪辣な所有感情の隠れ蓑となった「普遍的な嫉妬」だとされる。その意味で、この女性共有思想は私的所有の否定としての共産主義であるどころか、私的所有原理の首尾一貫した表出に他ならないとされるのである。

人間の人間に対する最も自然な関係

こうした自由恋愛を標榜する粗野な共産主義に対してマルクスは、男性の女性に対する関係こそが、人間の自然な、それ故に本質的な関係だとする。ここでマルクスは、Naturというドイツ語の語感を最大限生かした議論を行なう。ナトゥーアというのは英語のネイチャーであり、自然の他に本性という意味がある。このためマルクスは、男女関係は人間にとって自然であり、両性がお互いに魅かれ、永続的なパートナーシップを結ぼうとするのは自然な心の動きであり、自由恋愛はその言葉に反してむしろ不自然で人間の本性に反していて、人間がそれを目指すべき価値という言葉本来の意味では自由ではないとしている。

それだからマルクスにとっては、男性の女性に対する関係は、「人間の人間に対する最も自然な関係」だとされるのである。

ここからマルクスは情熱的な筆致で、男女関係が最も人間的な関係だからこそ、この男女関係のあり方において人間の精神的な発達水準が測れるし、「人類の全発展段階が判断できる」とすら言うのである。

共産主義的な家族観と一般に思われているものとは大幅に異なる、極端にまでロマンチックなマルクスの男女観や恋愛観を、我々はどう評価すべきだろうか？

先ずマルクスの思想理解という文脈で言えば、これまでの研究では強調されることが少なかった「愛」という要素が、マルクスの中にあっては実は重要な位置を占めるという点に注意を促す必要があるということである。

確かにマルクスは以降の著作では、新婚時の熱気を伝えるような情熱的な恋愛賛歌を書いたりはしなくなった。とはいえ愛を広く理解し、それを打算に拠らない信頼に基づく人間関係の原理とするならば、まさにこうした愛こそが打算に支配された資本主義的な人間関係の対立物として、ポスト資本主義関係の基本原理となるべきものである。この論点は後で詳しく論じたい。

マルクス思想理解に必須の要素となるという他に、マルクスがその最も重要な一人である共産主義思潮の中にある家族観に、このようなマルクス理解は大きな一石を投じる。

共産主義といえばマルクスやレーニンが挙げられるのが常だが、共産主義というのはマルクス主義の専売特許ではない。貧富の差がなく、社会全体の富が等しく共有されるような理想社会像は、世の東西を問わず存在した。

マルクスの精神的出自である西洋世界に絞っても、トマス・モアのユートピアを筆頭に、共産主義的な理想社会像には事欠かない。現在のリバタリアンが主張するような、努力し成功した者が報われ、そうでない者は相応の報いを受けるような社会が究極的な理想と考えられることは稀だった。それではまだ現行の社会の母斑を残していて、憧れの対象とはなりえないからだろう。

そして西洋精神史における共産主義像の代表的な源泉は、西洋哲学そのものの源泉でもあるプラトンその人だと言える。プラトンの主著である『国家』に描かれた理想のポリスでは、私有財産のみならず、そもそも私的な原理そのものが徹底的に否定されている。理想社会で求められるのは共同体への全面的な献身であり、同胞に対する混じりけのない奉仕である。公のみが重視され、私は徹底的に否定されるのである。

だから最も私的な原理である家族そのものが否定される。

プラトンは私的な原理を否定した

我々が馴染んでいる家族というのは、基本的に他人に対して身内をえこひいきするものである。自らが得た収入は自ら及び自らの家族に対して使うものであり、見知らぬ他人に使う義務も必要もない。親は自らの子を飢えさせない義務があるが、他人の子供を養う必要はない。他人の子供も重要だといって自らの子供の分を削って与え自分の子供を飢えさせてしまうような親は、我々の社会では親権が剝奪されるだろう。ということは、人間の自然な傾向性に従った形で形成される家族というのは、共同体全体に対する完全な利他的貢献の妨げになるものということになる。

それだからプラトンはこうした家族の自然的なあり方を否定し、子供を親から引き剝がし、共同体全体で養育すべきことを説いたのである。この際プラトンの念頭にあったのは自らの故郷である民主的ポリスのアテナイではなくて、むしろ敵対するスパルタであったとされる。スパルタではアテナイとは対照的に個人主義は完全否定されて、子供は生みの親の子供ではなくポリス全体の子供として戦士や戦士の妻にふさわしく育てられたのだという。またスパルタ型社会のクレタでの共同食事の風習を、麗しい美風として称えている。

しかしこうした自然的家族の否定は、子供の成育に大きな傷跡を残すだけではなく、社会それ自体を崩壊させかねない。実際ポル・ポト時代のカンボジアで自然的家族を否定した養育政策がとられたが、結果として当時子供だった人々に長期的で深刻なトラウマを残してしまった。

このことから、理想社会で変えるべきなのは家族次元の人間関係ではなく、家族外部の市民社会での人間関係ということになる。実際資本主義で支配的な資本と賃労働関係は、資本の側が白らに有利なように疑似家族関係に見せかけようと腐心することもあるものの、その出自と基本構造においてはあくまで市民社会の人間関係である。

勿論こうした自然的家族というのも一つの歴史的形成物であって、時代と場所によっては我々には馴染みのない形を取る場合もある。しかし現在の我々には、血のつながりのある親子と何らの親類縁者でもない他人を同じ国家の一員だからと等しい重みで見るような人間関係は、どのような社会変動が起きても馴染めるようにはならないだろう。そしてこのことは、家族の可変性にも閾値があることを示唆してもいる。まさにこれまでの共産主義はこの家族関係のリミットを超える無理な要求をしてきたのである。

この意味で、家族否定の伝統が強い共産主義思潮にあって、共産主義のシンボルであるマルクスその人が、自然的家族の解体を求めるどころかむしろ自然的な家族的人間関係の重要さを強調していたことは、極めて教訓的だろう。我々が否定すべきなのは男女平等の理念に反し、子供の人権を軽視する家父長的な家族関係や、金銭的つながりを愛情に優先させるようなブルジョア的家族観であって、家族そのものではない。共産主義社会にあっても人間関係の最も基本的な単位は親子や永続的パートナーシップを結んだ二人のような家族なのは変わらないし、変えるべきではないということになろう。

こうしてマルクスの家族観は、共産主義的な変革の後も、現行社会で行なわれているような家族のあり方は根源的に変わるものでも変わるべきでもないということの一つの論拠として、興味深いものである。勿論家族関係の根源的変革を求めないといっても、部分的な改良は必要だろう。例えば結婚制度である。

結婚制度の存在根拠はなくなる

マルクス的観点からは、元は他人の男女が永続的なパートナーシップを結ぶことは問題ないし、これが家族の出発点で基盤でもあることも、共産主義的な人間関係にあっても望まれるだろう。しかし、こうした永続的パートナーシップを結婚制度という形で保障するというのはどうなのか。

共産主義には国家は存在しないのではという論点はおくとして、何らかの共同体が自由意志に基づく二人のパートナーシップを制度的に裏打ちするというのは、不要ではないだろうか。なぜなら二人を結び付けているのは制度ではなくて愛という私的感情だからだ。

現行の結婚制度でも、婚姻の基本は両性間の信頼だとされている。だから愛情が冷めたら離婚することが認められているし、理念的には愛情を失ったり、それどころか憎しみ合ったりするような二人が惰性や戦略的意図で婚姻生活を続けるのは望ましくないとされている。ならば、結婚制度自体が不要ではないか。

現行の社会では結婚制度によって親子関係を安定化したり、税制等で様々な優遇措置を取ったりすることで、次世代の再生産を利することが目論まれている。しかしこうした社会の安定と個人の安寧の保障は、結婚しようがしまいが社会成員全員に与えられるべきもので、結婚制度で優遇化すること自体が、社会保障の不備を意味するものである。当然共産主義のような理想化された社会では、婚姻の有無に関係なく個々人の社会権は高い水準で実現されている。なおさら結婚制度の存在根拠はなくなっているだろう。

しかし結婚制度がないと子供の親権等で混乱するのではないかという意見もあるだろう。

だがこれは親である二人が一人の市民同士としてどのような人間関係を築けるかという個人的な問題であって、結婚制度とのかかわりは非本質的である。実際現行の結婚制度が仲違いした二人の子供の処遇を安定化させることなどないし、事実婚のような非制度的なパートナーシップによるカップルの子供が必ず、正式に結婚した男女の子供よりも不安定な生活環境に追いやられるという話もない。全ては親である二人の個人としてのパートナーシップのありように左右されるのであって、正式に結婚している毒親の子供よりも、仲睦まじく愛情豊かな事実婚の親の子供のほうが幸せなのは間違いないのである。

また、結婚制度がないと相続等でもめるのではないかという意見もあるだろう。これもマルクス的な議論の文脈では、そもそも共産主義社会では相続などなくなっているという話になるだろう。この点でマルクス的ビジョンは、ロバート・ノージック等の政治的リバタリアンと軌を一にしている。ただしリバタリアンは人生のスタート地点を低く設定し、努力によって競争に勝ち抜く者を称揚する趣旨なのに対して、共産主義的ビジョンではそもそも競争する必要のない高水準の福祉が予め各人に与えられているという観点で、人生のスタート地点が物質的富裕という意味では、競争的努力によってそれ以上に高める必要のない高度に設定されているという違いがある。

現行の日本社会にしてからが、相続税は富裕税であって、大多数の庶民には関係ないものである。親族が本気でもめるような相続問題は経済格差がまだ克服されていない現れであり、共産主義的変革の後には存在根拠を失うものである。

ともあれ、生まれの偶然により多額の不労所得を得られるようなことはそれ自体が不正であり、資本主義の枠内であっても抜本的な見直しが必要な問題だろう。

私的所有が否定され公共財へ

この点に関連して、収入格差をどう考えるべきかだが、マルクスの共産主義は粗野な共産主義とは異なり、社会発展の低い段階でいきなり各人の経済水準を均等にすべきだとは考えない。高度な発展段階で貧困が根絶したら、そもそも経済格差それ自体がさして意味を持つものとは思われなくなるだろう。誰もが文化的な生活を送れる物質的条件が実現されれば、他者よりも多くを持ちたいという欲望は減退していくと思われるし、社会政策としても過剰な所有欲は抑制しようとする施策がとられるだろう。

しかしこうした所有欲の制限は、現行社会にあっても何ら不当だとは思われない。何となればこれは、高価で希少な文化財は個人が私的に秘匿すべきではなく、広く博物館で公開されるべきだという市民感情と一致しているからである。現在では何らかの個人や財団が私的に所有している財を一般に公開するという形が普通だが、共産主義的に私的所有が否定された社会ではそうした文化財は公共財として公有になり、広く一般に公開され、差しさわりのない範囲で貸し出されて共通に使用されるという形になるし、なるべきである。

とはいえ、ポスト資本主義になってもまだ発展段階の低い状態では、努力や能力の違いによる経済格差を許容せざるを得ないだろう。しかし格差には限度が設けられ、不条理なまでの貧富の開きは許されない。

現行の資本主義にあっては、貧富の格差は異常である。国家財政並の富がある人がいる一方、餓死水準の人々が多数いる。年収100万円の人もいれば100億円の人もいる。その差は1万倍である。せめて100倍を上限にすれば、今の社会でも大分ましになるはずだが、実際は1万倍を凌駕する格差が開く一方である。

だから、ポスト資本主義社会になったにもかかわらず貧富の格差を残していても、合理的な範囲であれば現在の社会と比べれば隔絶した前進である。例えば新社会の初期段階では10倍以内の格差は許容されて、各人の努力や能力によってこの範囲内で収入に差が付いたとしても、資本主義とは比べ物にならないくらいの進歩である。こうした格差の許容によって、人よりも多く持ちたい、人よりも豊かになりたいという欲望は限定的に実現される。しかしここまでであって、人よりも隔絶して豊かになることはできないし、なるべきではない。飢えている人がいる中で、貧しい人よりも100倍も1000倍も富を持つことは端的な不正である。こうした不正は資本主義にあっても許されるべきではないのだから、こうした不条理な格差を許容する制度設計は、マルクス的な共産主義的ビジョンに限らず、どのようなユートピア構想でも間違っているといえるだろう。当然平等を志向する共産主義的ユートピアに、不条理なレベルの格差が存在できる余地はない。

ヘテロセクシャルを想定したゆえの限界

こうして相続の問題自体が存続しようもないのだから、この点でも男女間の愛を結婚制度で保障する必要はないということになる。マルクス自身も制度的に結婚したものの、制度それ自体は非本質的な要素と見ていたことは間違いないだろう。この点ではエンゲルスはマルクスより明確で、先駆的な事実婚的パートナーシップを実践していた。ともあれ、マルクスが共産主義的人間関係を家族的原理の否定どころか、男女間の自由なパートナーシップに代表される愛の原理の延長線上に考えていたことは、積極的な意義があるのは間違いない。

ただし、マルクスのビジョンには明らかな理論的限界もある。それはマルクスがあくまでヘテロセクシャルの恋愛のみを自然なあり方として想定し、それ以外の恋愛の形を考えていなかった点である。マルクスがその関係性のあり方にこそ人間性の水準と文明の発展段階が示されるとまで高く評価したのは男女関係であって、単に恋人や愛人の関係ではなかった。

恋愛の問題は新婚当時の『経済学・哲学草稿』で大きく取り上げられて以来、その後のマルクスによって具体的に詳論されることはなかった。そのためマルクスがヘテロセクシャル以外の恋愛関係をどう考えていたかは不明である。当時の通念通りに同性愛について否定的な感情を抱いていたのかどうかは分らない。

恐らく肯定的にも否定的にも強い感情を持っていなかったというのが本当のところだろう。肯定的な思いを抱いていたらそのことを書くだろうし、強く忌避していたのならば、売春についてそうであったように、はっきりと罵りの言葉を連ねただろう。ただ、当時の通念に従っているとしたら、間違いなく恋愛関係として想定されているのは男女関係のみであり、男女関係が「自然」だという考えの根底には、やはり生物学的な性差が前提されているはずである。

こうしたマルクスの恋愛観は、彼の生きた時代では殆ど誰も違和感を抱かなかっただろうが、現代では極めて拙い、むしろこちらこそが「不自然」な恋愛観になる。現実にはヘテロセクシャル以外の恋愛のあり方を志向する人々が無視できない比率で存在するのであり、異性愛のみを正常視してそれ以外を排除する思考方法は、人間理解として極めて不自然なあり方である。

自由意志に基づくパートナーシップに人間関係の本質を見出したマルクスは確かに正しかったが、それを「男女間の恋愛」にのみ限定したのは明らかに間違っていた。愛し合う二人は男女である必要はないわけで、損得勘定を越えた情愛で繋がってさえいれば、肉体的な自然的性が何であるかは二義的な問題なのである。

勿論LGBTの承認に象徴されるような、現代社会の基本教養になっているダイバーシティを理解していなかったのはマルクスの落ち度ではなく、マルクスにせよ誰にせよ越えることのできない時代的限界のためである。この意味でも、先に強調したように我々はあくまでマルクスを「現代に生きる古典」として読み解いていく必要があるということだ。

こうして『経済学・哲学草稿』で否定的に類型化された「粗野な共産主義」だが、現代でも流通している通俗的な共産主義イメージと通ずることの多いこうした共産主義の否定的本質は、家族に代表される人間の自然的で基本的な紐帯を無理に解体しようとすることで人間性を喪失してしまうことである。こうしたあるべきではない共産主義を否定することでマルクスは、望ましい社会の基本方向を指し示そうとした。これは現在でも共産主義的変革を目指す政治勢力が心して踏まえるべき教訓となっている。

共産主義は私的所有の否定と同時に国家の否定でもある

粗野な共産主義の次に、国家の止揚を伴うが、まだ不完全であり、私的所有が問題であることは自覚できているが、私的所有の本質をつかむことができていないために、なお私的所有に囚われ、汚染されている共産主義というのが類型化される。

この共産主義についてては粗野な共産主義と異なり形式的な定義だけで具体例を出しての説

明がないため、その詳細は殆ど分らないが、短い定義的説明の中にも重要論点を見出すことができる。

一つは私的所有と国家が一体的に捉えられていることである。従って私的所有の否定である共産主義は同時に国家の否定でもあるということであり、こうした観点は、『ドイツ・イデオロギー』や特に『共産党宣言』以降は明確になっていくが、既に『経済学・哲学草稿』段階でも示唆されていたということである。

後に見るようにマルクスの共産主義構想は最終的に『ゴータ綱領批判』のゲノッセンシャフト論に結実するが、共産主義社会の原理としてのゲノッセンシャフトの前提はヘーゲル的国家概念の否定である。国家の否定というのは、ヘーゲル主義を脱して以降のマルクスにおける社会構想の大前提となっているということが、ここでも確認できる。

これと共に、ここで強調されているのは、私的所有の原因と根拠が何なのかという問題設定の重要さである。

当時の社会主義者や共産主義者にあって、私的所有が問題の本質であり諸悪の根源であるというような観念は、ごく一般的だった。代表的なのはプルードンの「所有は盗み」だというスローガンで、所有それ自体が貧困を代表とする社会問題の直接的で究極的な原因だという考えが一般的だった。このため、当時のエンゲルスも同様に、私的所有を社会問題の究極原因だと捉えていたのである。

『経済学・哲学草稿』執筆時のマルクスはまだ経済学研究を本格的に始めたばかりであり、既に「独仏年誌」に『国民経済学批判大綱』を発表していたエンゲルスは、経済学研究という点ではマルクスに先んじていた。そのため、マルクスも『経済学・哲学草稿』の中で「内容豊かなドイツの労作」という形でその影響関係を明示していた。

そのこともあってか、旧来のマルクス研究では『経済学・哲学草稿』と『国民経済学批判大綱』との経済学認識の類似を指摘するに留まり、その細かな異同を精査しようという問題意識は希薄だった。

確かに『経済学・哲学草稿』と『国民経済学批判大綱』はその問題意識が大いに重なっているが、しかしその基本認識に大きな違いがある。

内容上の細かな議論は専門的になるのでここでは割愛するが、要点だけ記せば、『国民経済学批判大綱』でエンゲルスは、私的所有こそが資本の競争に翻弄される労働者の悲惨な境遇の原因であるというような議論を展開している。つまりこの当時のエンゲルスもまた、同じような政治志向を持った論者一般の傾向であるところの、私的所有究極原因説的なスタンスにあったということである。このためエンゲルスにもまた、私的所有の原因を探るという視座が欠如していた。

これに対してマルクスは、私的所有の原因を明確にすることこそが重要だという観点を得ていたのである。そして疎外された労働こそが私的所有の原因だったのである。エンゲルスはむしろ逆である。エンゲルスからすれば労働の悲惨は私的所有の結果であり、私的所有をなくせば労働の疎外もなくなるのである。つまり、エンゲルスはマルクスとは逆に、疎外された労働の私的所有原因説を採っていたのである。これは当時の社会主義や共産主義思潮からすればむしろ自然な想定であり、私的所有の原因を更に問い質したマルクスのほうが、特異で独創的だった。

　そして旧来の研究では殆ど強調されてこなかったが、エンゲルスが自らの観点を修正して、マルクス同様に私的所有の疎外された労働原因説を採用したことが、『ドイツ・イデオロギー』を共同執筆する前提となったのである。

個人が別の個人を丸ごと所有してはならない

『ドイツ・イデオロギー』は主要な書き手がエンゲルスであり、この事実だけからはエンゲルスが主導して書かれた印象を受けるが、実際はマルクスが主導権を握って書かれている。全理論の要になる私的所有批判の基本観点が、マルクスのものだからである。

『ドイツ・イデオロギー』はその名の通りドイツのイデオローグを批判しようとした著書の草稿だが、イデオロギーとは経済的土台に根拠付けられた社会的意識を意味し、イデオローグとはイデオロギーを意識的または無意識的に社会全体に流布しようとする理論家や宣伝家を意味する。こうしたイデオロギーの否定的な機能の一つに、真実は歴史的に特殊な観念に過ぎないのに、人類社会に普遍的な絶対的真実だと社会成員に思わせるということがある。

まさに我々の社会である資本主義は、財を私的に所有するのは絶対的に正しい当然なことであり、こうした私的所有はどのような社会でも変わることなく通用する真実だというイデオロギーによって維持されている。この場合、私的に所有していいとされる範囲はある制限を除けば広範である。

ある制限というのは、個人が別の個人を丸ごと所有してはいけないということである。個人を丸ごと所有するということはその人自身を買うことであり、人間自身が値札を付けて売買されることである。これが行なわれていたのが奴隷制社会で、我々の社会はこうした奴隷制を認めない。売買されるのは人間丸ごとではなく労働力であり、しかも24時間全てではなく時間決めである。先に見たようにこうした資本主義的な労働力売買が実質的には古代奴隷制と変わらない内実を持っているという点はここでは再論しないが、奴隷的隷属を除けば資本主義では原則として何でも売買してよいことになっている。そのため、社会の生産構造のあり方を規定する生産手段も売買され、生産手段を私的所有する個人や機関が資本として労働過程を支配し、労働過程の主体である労働者は客体化されて資本に支配されるのである。

勿論あらゆる財の私的所有が等しく否定される必要はない。それだとまさに「粗野な共産主義」になってしまう。否定されるべきなのはそれによって資本が生み出される生産手段のような財の所有である。個人的な消費財の私的所有を否定する意味は二義的でしかない。

疎外された労働こそ私的所有の原因

資本が発生する直接的な原因は生産手段が私的所有できることであり、生産手段が私的所有されるから、生産手段を持たない労働者がいいように使われて搾取されてしまう。この意味で、資本の発生原因は私的所有であり、私的所有を否定することが資本主義社会それ自体を否定する核心だという考えは、マルクスのみならず、マルクス当時の資本主義批判者に広く共有されていた通念だった。それだからエンゲルスも疎外された労働の原因を私的所有だと考えたのである。

ところがマルクスはここから一歩先に進んで、疎外された労働こそが、エンゲルスの想定とは逆に、私的所有の原因だとしたのである。この認識によって私的所有の克服、つまり資本主義を乗り越えることは、私的所有をただ禁じるだけでは不可能で、労働の組織化のあり方それ自体を変えなければならないことが明確になる。こうした認識を共有したから、エンゲルスはマルクスの監督指導の下に『ドイツ・イデオロギー』の主文を執筆することができたのである。[8]

こうして私的所有の本質が疎外であり、労働が疎外されるから私的所有が生じるという認識を得たことによりマルクスは、資本である私的所有を止揚するためには、労働の疎外をなくさなければならないとしたのである。そして労働の疎外をなくすためには、それがどうして発生するのか、疎外の原因を解明しなければならないということになる。これが『経済学・哲学草稿』時点でのマルクスの到達点であり、その宿題が持ち越されて回答されたのが

▼8——なお、本書は専門研究書ではないので、『ドイツ・イデオロギー』におけるマルクスとエンゲルスの執筆「持分問題」についての細かな議論は割愛する。ただ大まかな研究史を紹介しておくと、最初期には特に深い論拠もなく、エンゲルス自身の証言に基づいて歴史的に形成されていた通念、エンゲルス自身の言ではマルクスが「抜群の第一バイオリン」で自分は「第二バイオリン」（実際はセカンド・フィドルという表現で、これは現代英語でも「二番手」の意味として通用している）だという前提から、共著である『ドイツ・イデオロギー』も当然マルクスが主導して書かれたものだという理解が常識化していた。この常識の延長線上に、エンゲルスはマルクスが話しているのを書きとめたに過ぎないという「口述筆記説」が唱えられたりもした。その後、主文がエンゲルスによって書かれ、マルクスがそれにコメントを付するという形の原稿のあり方が広く知られることにより、旧来のように論拠を示さない単純なマルクス主導説は下火になり、逆にエンゲルス主導説が唱えられたりもした。しかし、共著者のどちらかが原稿の多くを書いていることがその著作を主導していることの証明にならないのは当然であり、問題はその著作の基本観点がどちらに由来しているかにある。『ドイツ・イデオロギー』は確かにエンゲルスが多くを書いてはいるが、その理論的な基本前提はマルクスのものである。従ってこの著作の主導者はマルクスである。なお、近年になって、文章の書き癖がマルクス固有のものだという理由で、改めて口述筆記説が、今度はかなりの論拠を持って主張されている（大村泉編『唯物史観と新MEGA版「ドイツ・イデオロギー」』社会評論社、2018年、参照）。どちらにせよ一時期流通したエンゲルス主導説は誤りで、マルクス主導説が正しい。

『ドイツ・イデオロギー』ということになる。

そしてその回答が先にも触れたように、分業ということになる。しかし分業が疎外の原因ということは、疎外のない社会というのは分業のない社会ということになる。しかし分業のない社会というのは一体どういうことだろうか？

マルクスは分業を否定したか？

分業というのは一般に作業工程を細分化することであり、こうした細分化によって生産効率は飛躍的に向上する。そのため、アダム・スミスは『国富論』の冒頭でピン製造を例に取り、いかに分業が生産力を向上させるかを強調している。まさに分業こそが文明社会の前提ということになる。

では分業を否定するマルクスは、文明自体を否定するのだろうか？

実際『ドイツ・イデオロギー』には一読して文明否定を思わせる共産主義像が登場する。一部の研究者から「悪名高い一文」などと揶揄され、マルクスに関心はあるが専門研究者ではない人々からも失笑を買っていた一文である。

労働が分割され始めるや否や、各人は一つの特定の排他的な活動範囲に押しつけられるようになり、そこから出ることができなくなる。彼は猟師、漁夫、または牧夫、あるいは批判的批判家のいずれかであり、そして彼が生きるための手段を失ないたくないならば、彼はいずれかであり続けなければならない。――これに対して共産主義社会の中では、各人はどこまでも排他的な活動範囲を持たず、好みにかなうどの分野においても自己形成をすることができるのであり、社会が生産全般を統制しているのである。そして私にとっては、まさに生産の社会的統制によって、今日はこれをし、明日はあれをすること、朝には狩りをし、昼には釣りをし、夕には家畜を追い、そして食後には批判をすることが可能になり、私は猟師・漁夫・牧夫、あるいは批判家にならないという率直な欲望を持つことができるようになる。

（『ドイツ・イデオロギー』）

「労働の分割」というのは分業のことである。分業が始まるというのは、分業以前の社会状態が想定されているということである。これは家庭内や小規模集団内で生業が完結していたような原始的状態で、狩猟採集を中心とした生活が営まれていた頃のことと考えられる。分業はそうした原始的状態を脱する主要契機となるものだが、分業が始まると各人は特定の仕事に従事せざるを得なくなり、興味や能力に応じて様々な職に従事することは不可能になる。これに対して共産主義では分業が止揚されているので、特定の職業に縛り付けられることはなく、各人はその能力と欲求に応じて様々な仕事ができる可能性が開かれているという話である。

こうしてパラフレーズしてみれば、その理論的妥当性は一先ず措くとして、その論理展開に少しも無理はなく、議論の筋は明確である。それがなぜ「悪名高い一文」などと揶揄され続けてきたかといえば、「猟師、漁夫、または牧夫」や「朝には狩りをし、昼には釣りをし、夕には家畜を追い」といった表現のためである。

これらの表現を文脈を無視してそれだけ取り出せば、ここでマルクスが共産主義を人里離れた桃源郷のようなものだと言っているように受け止められかねない。分業のない社会というのも常識的想像力では文明以前の低生産力状態を想起させるし、桃源郷のイメージにピッタリである。実際この当時はアメリカに小規模なコミューンを建設しようという運動が盛んで、マルクスと特にエンゲルスはこうした動きを肯定的に見つめていた。

そこでマルクス研究者の中にはこうした田園コミューン共産主義構想は一人エンゲルスのもので、マルクスには共有されていなかったというトリッキーな解釈を打ち出す者もいた。

しかし今見たように、この文章の理論展開それ自体はごく自然で、「朝には狩りをし、昼には釣りをし、夕には家畜を追い」というような表現をそれだけ取り出せば違和感を感じるというだけに過ぎない。そして実際に、この文章は田園共産主義宣言でも何でもなく、資本主義を超えた生産力段階を前提に共産主義革命を展望するマルクスとエンゲルスの基本観点を繰り返しているに過ぎない。その証拠が、この「朝には狩りをし、昼には釣りをし、夕には家畜を追」う共産主義が「社会が生産全般を統制している」から可能だといっている点である。文明否定の田園コミューンが、どうして生産全般を統制できるのか。極めて高度に発達した生産力なくして、「生産の社会統制」などできるはずもない。

精神的にも肉体的にも優れた人間像

地の文を書いているエンゲルスにしてもあるいは誤解されるのを恐れたのか、田園的イメージ文の前後にそれぞれきっちりと生産の社会的統制があるからという但し書きを付している。その意味で、田園コミューン構想だと受け取った後年の解釈は押しなべて、生産の社会的統制という但し書きをキチンと受け止められなかったということである。

なぜこのような初歩的な誤読が長く広く罷り通っていたのかは正直謎だが、それだけ「朝には狩りをし、昼には釣りをし、夕には家畜を追い」という文言のイメージが鮮烈だったということだろう。

後世にこのような誤解が広まるのならば、マルクスとエンゲルスにしても件の文言を削除するなり変更するなりすればよかったはずだが、マルクスとエンゲルスからすればそうした誤解がされるとは思いもよらなかっただろう。なぜならこの文言に表現されているイメージは、彼らのような人々、つまり19世紀ヨーロッパの知識人からすればごく常識的な観点に過ぎないからだ。

当時の知識人の基礎的な教養の源泉は古代ギリシアとローマだった。そして「朝には狩りをし、昼には釣りをし、夕には家畜を追い」という文言でマルクスとエンゲルスが意図していたのは、「カロカガティア」という古代ギリシアの理想的な人間像だからである。

職人技や人間国宝など、一つのことを長年にわたって極めることを賞賛する日本人には特に分り難いのだが、こうした「一芸に秀でる」ことは、古代ギリシア人にとって決して美徳ではなかった。どんなに優れていても、一つのことしかできないことは人間にふさわしくないと観念されていたのである。同じく日本の伝統で言えば、むしろ「文武両道」が古代ギリシア人の理想に近い。カロカガティアとはこうした文武両道に秀でた美にして善なることを意味したのである。古代ギリシア人は哲学を生み出したが、同時に体育の祭典であるオリンピックを重視した。こうした精神的にも肉体的にも優れた人間であることが古代ギリシアの理想であり、ルネサンス期にリバイバルされた「普遍人」のイメージである。

このように、「朝には狩りをし、昼には釣りをし、夕には家畜を追い」という文言の主旨は、文明を否定して田園に回帰するというものではなくて、分業に囚われない人間のあり方を示すことを意図していたのであり、マルクスやエンゲルスからすればこういう表現を使えば同時代人の読者には直ちにカロカガティアの如き全体的な人間像の提起だと受け止められるという、比較的軽い気持ちで書いた表現だったのではないだろうか。それが基礎的な教養を共有しない後の時代の読者にあらぬ誤解を与えることになったということだろう。

人間存在全体の感性的解放

それにしても、この文章で本当に重要なことは実はそうした田園幻想の話ではない。まさに文武両道の何でもできる普遍人的なイメージが、疎外されない人間の具体像となっている点である。それは『経済学・哲学草稿』では解明されなかった、疎外の起源への問いから直接に導き出される。疎外の原因が分業だからこそ、疎外されない人間は分業に囚われないような全体的人間なのである。

そして実はこのことからも、『経済学・哲学草稿』では未解明だった疎外の起源が分業だと明確化される必然が、既に『経済学・哲学草稿』自体に含まれていたことが分る。『経済学・哲学草稿』の「第三草稿」でマルクスは、私的所有に囚われた疎外された人間の解放とは、同時に人間的感覚の解放だとした。このことは、人間は知性的にも感性的にも、精神的にも肉体的にも、要するに自己の潜在能力の総体を解放できるようになった時に、疎外されない人間として生まれ変わることができることを意味している。

そうした疎外されないあり方においては、人間が労働を通して行なう自己確証活動としての対象化は、疎外されない獲得――疎外Entfremdungと獲得Aneignungはマルクスにあっては常に対立概念として用いられている——となっている。そしてその獲得は、人間存在全体の感性的解放であるがために、同時に全体的人間としての自己を確証する活動である。

つまり『経済学・哲学草稿』は第一草稿で疎外された労働のあり方を描き、第三草稿で疎外されない人間のあり方を提起したということであり、「全体的人間としての獲得」こそが、疎外された労働の反対概念だということである。

こうして既に『経済学・哲学草稿』で疎外されない人間を全体的存在だと捉えていたからこそ、すぐ後の『ドイツ・イデオロギー』で疎外の起源が分業だと分ったわけである。全体的人間とは分割されない人間であり、分業とは労働を分割することである。だから全体的人間を実現するためには分業をなくさなければいけない。ということは他ならぬ分業こそが疎外の原因となるということである。

この意味で、まさに第一草稿でマルクス自身が言っていたように、問題の立て方それ自体が、解答を含んでいたのである。第一草稿で出された疎外の起源への問いは、第三草稿で全体的存在としての獲得という形で「疎外されない労働」が明確になった際に、潜在的には既に答えが出ていたのである。だからすぐその後で顕在化して、明確にすることができたわけだ。

それとともに、こうした理想的活動としての全体的獲得に対して、マルクスが行なっている注意は極めて重要である。その意味で、やや難しい文章ではあるが、やはりここでも問題となっている原典を引いておく必要がある。

私的所有というものがただ、人間が同時に自身にとって対象的になり、そして同時にむしろ自身にとって疎遠で非人間的な対象となるということの、彼の生命発現（Lebensäußerung）が彼の生命外化（Lebensentäußerung）であり、彼の実現（Verwirklichung）が彼の現実性剝奪（Entwirklichung）、一つの疎遠な実現であるということの感性的表現に過ぎないように、私的所有の積極的な止揚はすなわち、人間的本質と生命の、対象的人間の、人間のための人間による人間の諸作品の感性的獲得であって、ただ単に直接的で一面的な享受という意味で、占有の意味で、持つの意味でのみ把握すべきではない。人間は彼の全面的な本質を全面的なあり方で、つまり一つの全体的人間として獲得する。世界への彼のどの人間的諸関係、見る、聴く、嗅ぐ、味わう、感ずる、考える、直観する、感得する、意志する、活動的である、愛する、要するに彼の個体性の全器官は、その形式において共同的な器官としての器官であるように、その対象的な振る舞いあるいは対象へのその振る舞いが獲得であるのと同じように、人間的現実性の獲得である。

（『経済学・哲学草稿』）

予備知識なく読めば、殆ど理解できないような文章だと思うが、先に見たように、私的所有の原因にして本質が疎外された労働であることが分っていれば、その大意はつかむことができるだろう。

人間が同時に自分に対して対象的になり、そして同時にむしろ自分にとって疎遠で非人間的な対象となるというのは、人間的本質の対象化活動が疎外されているということである。人間的生命の発現がその生命の放棄であり、人間の現実化がその現実性の喪失、すなわち一つの疎遠な現実性であるというのも、疎外された労働の本質的特徴である。そして私的所有はこうした疎外された労働の結果としての疎外の表現だということである。だから私的所有の止揚は疎外を克服してゆく過程であり、人間による自らの本質の対象化が疎外されることなく獲得（疎外の反対概念）できることである。

資本主義の所有とは抜本的に違う所有のあり方

ここで重要なのは、こうした獲得をマルクスが、直接的で一面的な享受という意味で、つまり占有する、所有するという意味でのみ把握すべきではないと言っていることである。

資本主義において労働生産物は資本に奪われ、資本に私的所有される。ということは、資本主義の否定とは資本に奪われる生産物を同じように今度は労働者が私的所有することになると思うのが自然だが、そうではないのだ。確かに資本主義を克服した社会では労働生産物は労働者当人によって所有されるが、その所有のあり方は資本主義における所有とは根本的に違うのだという。

実はマルクスは、この資本主義とは異質な肯定的に追求されるべき所有のあり方について、終生こだわりを持っていた。しかしその所有の具体的なあり方がマルクス自身によって詳細に語られることはなかった。

その代表例が、『資本論』第一巻の「個人的所有」概念である。

余りにも長くなるのでこの個人的所有概念について詳論することは避けるが、結論だけを言えば、この個人的所有とは実際には私的所有のことである。ただし資本による私的所有ではなくて、独立自営農民のような自らの生産手段を有する小規模生産者が自らの労働の果実を我が物として手に入れて、専ら自ら及び自らの一族で消費するような、そうした「私的所有」である。

マルクスは『資本論』で、資本主義的な私的所有が否定された後に、資本主義が成立する過程で駆逐されて行ったこうした小規模生産者の労働と所有のあり方が、新たな共産主義段階において高次元で復元されるとした。この場合、私的所有という言葉を使わなかったのは、私的所有こそ若き日以来一貫して資本の原理を表す概念だったからである。資本主義とは異なるがなお私的な所有であることを表すために、「個人的所有」という奇怪な表現を用いたわけである（詳しくは拙稿「いわゆる『個人的所有の再建』について」、『東京電機大学総合文化研究』第16号、

2018年11月、参照)。
同じように若き日の『経済学・哲学草稿』でも引用にあるように、資本に奪われないとはいえ自らの産物を自らのものにすることは所有には違いないし、生産物は個々人単位で見れば実際には私的に所有もされるという話になっている。しかしこうした「私的所有」は資本主義的な私的所有とは異なる疎外されない所有であり、疎外の反対概念の「獲得」が意味するような所有なのである。それは自ら作り出したものを他者に奪われずに自らのものにするという意味での「自らのものとしての獲得」という概念だということになる。

このように、「自らのものとする」という点では資本主義的な私的所有と混同されがちな獲得概念を明確にするために、マルクスは終生腐心していたということになる。研究が深められた『資本論』ですら曖昧さが残っていたのだから、まだ経済学研究を始めたばかりの『経済学・哲学草稿』で不明確なのは当然でもある。こうしたマルクスの苦心の表現が、一面的な享受という意味で、つまり所持する、所有するという意味でのみ把握すべきではないという但し書きである。

こうして元から曖昧さを含んだ理論なので、その真意をつかむのは容易ではないが、ここで疎外の反対概念である獲得、それは自らの産物を我が物とするという意味では確かに一つの所有ではあるのだが、これが資本主義社会での私的所有のような通常の意味での所有と異なることを言いたいがために、それは普通の意味での所持や所有のような「持つこと」を意味するのではないとしたのではないか。

転倒は貨幣においてこそ端的に現れる

なぜマルクスが獲得という形では所有を訴えながらも、持つことという意味では所有を否定したのかといえば、そうした所有される財それ自体は常にそれを用いて何らかの他の目的を実現するための手段に過ぎないのに、資本主義的な私的所有の支配する世界では、持つことそれ自体、所有することそれ自体が目的になるという転倒が起こるためである。言うまでもなくこうした転倒は貨幣においてこそ端的に現れる。

貨幣は本来、それを使って有用な財を購入し、何らかの形で消費するための手段としてあるはずである。ところが資本主義的な私的所有の世界にあっては、貨幣はただそれをできるだけ多く蓄積するべき目的自体に転ずるのである。使うために貯めるのではなく、貯めることそれ自体が終局目的になってしまう。こうした資本主義的メンタリティの戯画化がいわゆる守銭奴である。

こうして貨幣は単なる手段に過ぎないもののはずなのに、資本主義にあってはむしろ目的それ自体として現れて、誰もがそれを求め崇拝する物神となる。

マルクスはフォイエルバッハに倣って、神は人間が観念の世界で作り出したとしたが、貨幣もまた神同様に、人間が生活手段として作り出したにもかかわらず逆に人間がそれを崇拝する「黄金色の神」だとした。

こうした資本主義における物神崇拝は『資本論』第一巻で一節を設けて解説するほどに、マルクスにとっては資本主義批判の核心となる論点だったわけだが、既にこの『経済学・哲学草稿』でも、ただそれを持っているというだけで、所有者である金持ちに貧乏人にはない強力を与えて人間をその自然本性から乖離させるような、個々の人間が持っている個性の「全般的な転倒」としての貨幣の本質が喝破されている。

持つという意味での所有の直接的帰結が貨幣物神への崇拝である。だからマルクスは、一方で『資本論』の「個人的所有」に通じる「獲得」という形の所有を目指すべき目標として掲げながらも、他方で「持つ」あり方としての資本主義的な私的所有を否定したのである。

全体的存在としての獲得

この点で興味深いのは、エーリッヒ・フロムがまさに今ここで取り上げた『経済学・哲学草稿』のパラグラフに依拠して、「持つ」存在様式と「ある」存在様式を対比させたことである（エーリッヒ・フロム、佐野哲郎訳『生きるということ』紀伊國屋書店、1977年）。フロムの議論自体は厳密なテキスト解釈に依拠したものではなく、直観的なレベルでの説明に留まっているが、マルクスが資本主義的な持つ存在様式に「ある」存在様式を対比しているというように、『経済学・哲学草稿』の中に資本主義とは根本的に異なる人間のあり方を見出しているのは慧眼であり、これをソ連のような現実社会主義批判の原理としていたのも貴重な理論的貢献である。ソ連が本当に資本主義を乗り越えた社会であるならば、資本主義とは本質的に異なる原理の社会になっていないとおかしい。しかしソ連もまた資本主義同様に物欲に支配された「持つ」存在様式の社会だとフロムは喝破したのだった。先に見たようにソ連はそもそも社会主義ではないのだから、まさにフロムの批判は的を射ていたわけである。貨幣物神に支配されて個々人が「持つ」存在様式に留まっている社会がまだ人類の前史であるのは間違いないのである。

こうして資本主義を乗り越えた人類の本史である共産主義における人間のあり方は、貨幣の所有欲に一面化されることなく、彼／彼女の個性をそのままに、人間が本来持っている多面的な可能性を遺憾なく発揮できるような人間である。そのような人間による自己実現が「全体的存在としての獲得」であり、これが「疎外された労働」の反対概念として提起された『経済学・哲学草稿』時点でのマルクスにとっての最高規範である。

しかし『経済学・哲学草稿』では疎外の反対概念が分っていても、疎外の原因が未解明だったため、疎外されない全体的人間の具体像が示せず、専ら抽象的な概念での理論展開に終始していた。それが『ドイツ・イデオロギー』で分業によって疎外が生じることが明確になったため、疎外されない全体的人間は特定の専門分化に縛られない普遍的な万能人のイメージであり、古典的な伝統に接続する理想的人間のあり方を、古代人が考えていたように一部のエリートだけではなく万人が実現できる可能性をもたらす社会条件として、共産主義が考えられたのであった。共産主義にあっては、画家というものは存在せず「たまに絵を画く人」がいるだけだというのが、『ドイツ・イデオロギー』の真骨頂としての規範的な人間と社会像である。

しかしこういうと当然、そんな分業のない社会というのはありうるのか、ありえたとしても低生産力の局地的コミューンだけで可能な話ではないのかということになる。しかしマルクスの共産主義は生産力発展の彼方にもたらされる資本主義の自己否定に他ならないのだし、一読して田園コミューンを想起させる先に見た文章も、「社会が生産全般を統制している」生産力の高度発展を前提にした共産主義である以外になかった。

こういう高生産力社会では、作業工程の分化という常識的な意味での分業は否定されるどころかむしろ前提であり、生産力を高め維持できるような高度な分業が発展していなければならないのである。

ということは、マルクスがいう「分業の止揚」というのは、そのため後代の解釈者を混乱に陥らせてしまったような通常の意味での分業の廃止ではないということになる。

アソシエーションという基礎概念

では具体的にどういうことなのかということだが、マルクスにその具体像を誤解の余地なく伝えるような詳論は残されていない。残念ながらやはりここでも「精神労働と肉体的労働の対立の止揚」のような抽象的な概念規定が基本線であるに留まっている。そうした中で、マルクスの理論的な基本方向を示唆する興味深い文章には、例えば次のようなものがある。

同じように分業もまた、もし労働の諸条件がアソシエートした労働者たちに属していて、彼らがこの諸条件へ、それらが現物としてはそうであるところのものとして、彼ら自身の生産物及び彼ら自身の活動の対象的諸要素としてかかわっているのならば、やはり可能ではないだろう（そうは言っても、歴史的には当初からそのように現れることはできなかったのであり、むしろ資本主義的生産の帰結として初めてそのように現れることができるのである）。

これは『資本論』の準備草稿の中の一文で、そのため文章が整っていないが、これによれば分業とは労働の諸条件がアソシエートした労働者たちに属している場合には可能ではないような労働組織のあり方ということになる。このため、マルクスが共産主義によって止揚されるとした分業は、生産工程の分化というような、常識的な意味での分業のことではない。そうではなくて、それこそ初期著作以来『資本論』でも『ゴータ綱領批判』でも繰り返された精神労働と肉体労働の対立のような、それが分化されていることによって全体的存在であるべき人間に疎外をもたらすような労働の組織化を意味していると考えられる。そのため、こうした「分業」をなくしていくことは生産力を破壊することにはならず、むしろ職場環境を人間にふさわしいものに変えていくこととして、生産力の向上に資するはずである。

そして今の引用文から分る重要な論点は、こうした分業の止揚は、アソシエーションという人間関係のあり方と相即的だということである。

アソシエーションというのはこれまで度々言及してきたように、マルクスが人類の本史を示すために使う基礎概念で、垂直的な人間関係であるコンビネーションの対概念として、水平的な人間関係を示す言葉である。このためこのアソシエーションは多義的に使われ、新社会の基本的な生産単位である組合もアソシエーションであれば、そうした組合によって運営される共産主義社会それ自体も一つのアソシエーションだとされるのである。

ということはマルクスにとって、アソシエーションというのは分業を克服し、疎外されない全体的人間になるために必要な社会的条件ということになる。疎外されないためには他者によって支配されない必要がある。支配というのは支配する者が上に立ち、支配される者が下に敷かれる垂直的または階層的な人間関係を意味する。この場合、単に階層が分化されているのではなくて、下の層が常に上の層によって指示監督され、下の層が上をコントロールできる可能性が閉ざされているということである。

実質的な上下支配関係が消失

どのような社会であっても、だから共産主義的なアソシエーションにあっても、組織というものが存在する限り、そこには長や責任者がいて、その意味では人間関係が全く水平化されるということはありえない。しかしアソシエーションではそうした長や責任者というような「上に立つ人」は常に労働者という「下の者」から代表として選出され、リコールもされる。形式的な上下関係はあっても、権力関係を伴う実質的な上下支配関係は消失している。その意味で、実質的に人間関係が水平になっているわけである。

しかし、こうしたアソシエーション的人間関係を現在の我々が想像するのは難しい。これは我々が基本的に利害関係で動いているからであり、損得勘定をしながら生きているからである。このため、我々の社会生活の基本は打算であり、いかに自分が有利になるかを計算しながらやり過ごすというものである。だから我々の社会では契約が事の他に重要で、約束を守って人を騙さないことを前提に生活環境が組織されている。確かに打算で生きてはいるもののの、基本的な約束事を守らないのは法的にも倫理的にも不正であり、些細な場合は道徳的に非難され、甚だしくて実質的に損害を他者に与える場合は法律によって処罰されるようになっている。

こういう我々の世界では、得ようと思えれば得られるのに権力を志向せず、他者を出し抜いて自らのみ甘い汁を吸おうとする心性が根絶される可能性は見出せない。法律で許されている範囲で他者に先んじて自らを有利な位置に置こうという姿勢は、非難されるどころか推奨されてもいるからだ。

ところがこのようなギスギスした我々の社会にあっても、こうした競争原理が働かない領域がある。家庭生活が幸せに営まれている時、家族を結び付ける原理は、家族の外側の世界の原理とは明らかに違う。そこには打算がなく、互いが親愛で結ばれている。確かにこうした家族的なつながりは、家族外の他者への排他性と相即的である。これは家族の外の社会は家族とは原理の異なる市民社会だからである。

しかしもし家族外部の市民社会も、家族同様の親愛の情で結ばれていたらどうであろうか。我々の社会では打算が支配する領域にあっても損得勘定ではない信頼によるつながりが基本となっている社会があったとしたらどうだろうか。こういう社会だったら我々の常識では考え難い、実質的に水平化された人間関係が実現するのではないか？

実は、これこそがマルクスの想定するアソシエーションの基本原理なのである。

人間社会を家族と市民社会という原理の異なる二つの領域に分けたのはヘーゲルの慧眼

だった。家族は人間社会の基本単位で、その基本原理は愛である。対して家族の外側にある市民社会はお互いを手段として利用し、個々人がそれぞれの利害に従ってしのぎを削る「欲求の体系」である。これはヘーゲルなりに資本主義の本質を適切につかんでいたわけだが、しかしヘーゲルはこうした資本主義的な市民社会それ自体を変革するのではなくて、資本主義的な欲求追求の結果生じる様々な諸矛盾は国家原理によって止揚されるとした。このヘーゲル的解決を受け入れなかったことがマルクスの思想的出発点になったことは先に述べた通りである。

しかし、マルクスが拒否したヘーゲル的解決は、恐らくはヘーゲル本人の意図しない形で、後の世代の人々に戯画的に変形されて受容された。それは何らかの神聖なまたは世俗的な独裁者が国家成員を自分の血族と見立てるような独裁国家である。この国家では国民は独裁者の血の繋がらない家族と見なされ、家族的な愛の原理が市民社会にまで拡張されて、国民は一大家族として団結していると喧伝される。しかしこうした権力側の自己宣伝は、そのような歴史的実例においても虚妄に過ぎない。ナチスドイツ然り、スターリンの時代のソ連然り、戦前の天皇制国家然りである。

従って家族的な愛の原理を社会全体に広げるといっても、市民的自律を前提にした上で、「欲求の体系」ではない愛の原理を紐帯とした市民社会を目指すということであって、自律を放棄してかつての独裁国家のようなパターナル（父権的）な権力に従属するということではない。これがマルクス的なアソシエーションの人間原理である。

ヘーゲルは国家原理に解決を求め、マルクスは国家原理を否定する

マルクスがこうした共産主義像を結んだのは、彼が思想形成の当初にヘーゲルを受け入れて、程なくヘーゲル主義から離脱して独自の思想的立場を築いた後にも、社会を家族・市民社会・国家のトリアーデ（三項図式）で理解するという基本的な思考枠組み自体は、社会を見つめる際の前提として維持していたからである。このことは、自らの経済学研究の動機をヘーゲルが言う市民社会の分析の必要性だとした『経済学批判』「序言」の述懐で明らかである。

ヘーゲルもマルクスもそれぞれに資本主義的な市民社会で生じる諸問題の解決を模索した。ヘーゲルは国家原理に解決を求めたが、マルクスは国家原理それ自体を否定した。だから残るのは家族原理しかない。そして家族の原理こそが愛だったわけである。これをマルクスは家族的な閉鎖性から解き放って自律した市民による同志的な連帯へと読み変えたのである。同志は打算で付き合っているのではない。一個の自律した市民でありながら、兄弟姉妹的な親愛の情で結び付いている。だからこのような市民社会は、人間関係が実質的に水平化されたアソシエーションになっているのである。こうしたアソシエーションこそが共産主義であ

り、革命的に変革された人類の本史にふさわしい市民社会のあり方である。
このためマルクスはこの共産主義的アソシエーションを、彼の共産主義社会構想の最終到達点である『ゴータ綱領批判』ではゲノッセンシャフトと呼んだのである。

ゲノッセンシャフトとは直接には協同組合を意味する。これは資本主義後の社会では私的な企業が否定されるからである。資本主義社会での協同組合は消費協同組合が主だが、ポスト資本主義社会では資本主義的な私企業の位置に協同組合が代替されるため、生産協同組合が主になる。

こうした協同組合を軸にして行なわれる生産では、生産手段は資本主義のように私的所有されるのではなくて、社会全体で共有される。消費手段は必ずしも共有は求められず私的に所有されることが許されるが、過度な富裕は禁じられる。そしてこうした協同組合であるゲノッセンシャフトを生産拠点とする社会それ自体もゲノッセンシャフトといわれる。従って共産主義とはゲノッセンシャフトである。また、ゲノッセンシャフトは共産主義社会を指す名詞形だけではなく、ゲノッセンシャフトリヒという社会の性格を示す形容詞形でも使われる。この点でもアソシエーションと同じである。

マルクスは『共産党宣言』以降一貫して共産主義社会をアソシエーションと呼称してきたが、アソシエーションとはアソシエイティヴになった人々の社会である。つまり、旧社会の資本家と労働者のような支配被支配関係を脱して、水平的に連帯することができるようになった人々の社会である。そしてこのアソシエーションをマルクスは改めてゲノッセンシャフトと呼んだのである。

アソシエイティヴなゲノッセンシャフト

ゲノッセンシャフトの語幹はゲノッセであり、兄弟や仲間を意味する。またゲノッセの動詞形はゲニーセンであり、味わうとか享受するとかを意味する。従ってゲノッセンシャフトの真実は基本的には他者であり自律した市民である諸個人が、あたかも家族のような親愛の情で繋がることのできる社会のあり方である。これが共産主義であり、アソシエーションの核心なのである。

このゲノッセンシャフト概念を共産主義それ自体として明確化したのは『ゴータ綱領批判』という晩年の著作だったが、実はマルクスが共産主義者として経済学研究を本格的に開始した『経済学・哲学草稿』に既にその萌芽があった。『経済学・哲学草稿』でマルクスは、フランスの社会主義的な労働者たちの集会を理想的な人間関係の一例として引き合いに出して、この集会の中で彼らには、人間の兄弟性（Brüderlichkeit）が単なる空語（Phrase）ではなくて真実（Wahrheit）としてあるとしている。この際マルクスは、こうした労働者が同志的に会食をして交流する集会で深められる連帯意識は、それ以外の何かのための手段ではなくそれ自体が目的であるとしている。自分の打算のために付き合うのではなく、交流それ自体を楽しむことが称えられている。

仲間であることが、兄弟でも家族でもないがあたかも兄弟姉妹であるかのように連帯することそれ自体が、理想の人間関係のあり方だとされている。つまりマルクスは明らかにここで、ずっと後になってゲノッセンシャフトという言葉で理想化される規範を、まだ漠然とした形ではあるが、しかし確かに抱いていたのである。『ゴータ綱領批判』の共産主義論はマルクスの最終到達点ではあったが、その核心が既に研究の出発点に萌芽していた。ここにマルクスという思想家独特の性格が現れていると共に、マルクスを理解するためには『資本論』だけでは足りず、初期マルクスの足跡をトレースする必要があることが示されてもいる。

ともあれ、こうしてマルクスにあっては共産主義とは支配被支配関係のない水平的なアソシエーションであると共に、兄弟的に人々が連帯するゲノッセンシャフトでもある。そしてこうしたアソシエイティヴなゲノッセンシャフトであることによって、この社会の住人となった人間はその本来の人間性を開花することができるのである。それが言うまでもなく、全体的人間であり、自らの持つ可能性を遺憾なく発揮できるようになった人間である。

勿論このことは、共産主義社会では人間が全体的であるということを強制されるというわけではない。どんなに善いことであっても強制されてしまっては抑圧に転じる。これでは人間を解放するという共産主義の本義に背いてしまう。生き方自体を指図されることなく、あくまで自由な選択を前提とした上で、しかし自らの可能性が最大限に実現できるような社会的条件として、理想社会が提起されている。

人間が全面的に発達するといっても、誰かと比べて優等生になるという話ではない。それではブルジョア的な競争主義的価値観である。自分自身が納得できる人生が送れるかどうかが大切なのであって、誰かよりも優れるということは何ら重要さを持たない。このことは家族を考えてみれば明らかだろう。好ましい家族関係というのは、それぞれが相手に優劣を感じて蔑んだり妬んだりすることではない。優れた家族がいることは素直な喜びの理由にこそなれ、自己卑下する根拠にはならないはずである。

共産主義的な「全体的人間」

そしてゲノッセンシャフトとは、社会全体がかつての全体主義国家のような個人の尊厳を否定する迷妄の上にではなく、自立した諸個人でありながら家族的な愛の原理によって兄弟姉妹的に連帯した社会である。だから全体的人間とは皆がブルジョア社会でのエリート的勝者のような存在になることではない。自分自身が納得する形で自分の多面的な可能性を開花できることが、共産主義的な「全体的人間」なのである。

その意味で、『ドイツ・イデオロギー』で言われた、「絵も画く人」というのが、共産主義的人間像として的確である。ここには誰かと比べて秀でるというイメージはない。古代ギリシア的な全体的人間は他者と隔絶して優れた人間になるという理想像であって、身分制社会のイデオロギー的表現でもあった。身分差のない共産主義的な全体的人間は、ただ自己の多面的な可能性を実現できるかどうかだけが問題なのであって、他者より秀でた優等生になることは元から眼中にない。

しかしそうすると、確かに他者より優れようと競争することはないものの、しかし自分にとって望ましい自己実現のあり方が、多面的な能力開花ということではなくて、むしろ一つのことをとことん極めたいという欲求であったり、そもそもそうした自己の開花自体を望まず、それこそただ眠っているような生を望んだりする場合はどうなのかという問題がある。加えて、マルクスにとって共産主義の真髄は同志との兄弟姉妹的な連帯にあるが、こうした社交的な生活自体を望まず、他者とはかかわらないで極力引き籠っていたいというような性向の人などはどうなるのかという問題もある。

これらの問題のことごとくに対して、マルクスその人は正直言って否定的な見解を有していたのではないかと思われる。先述のように、日本では伝統的に職人技が重んじられ、一つのことを極めるのを賞賛する傾向が強い。しかしここではその詳細は説明しないが、マルクスはそうした日本人が一般的に肯定的に評価するような一芸に秀で、当人も自らの技に誇りを持っているというようなケースをやはり人間の潜在能力の一面化という理由で、否定的に評価している（詳しくは拙著『マルクス疎外論の視座』（本の泉社、２０１５年）、第五章「全体的存在としての人間」参照）。

このようなマルクスだから、それらに関するはっきりとした証言は見出せないものの、クリエイティブなことを何もせずに無為に過ごすのを好むことや、社交をせずに引篭るようなあり方は否定的に評価されるだろうと思う。

規範は強制されてはならない

では我々はどう考えるべきかだが、先ずマルクスが言っているからといって従う必要はない。マルクス本人の至らないところを修正してこそ、創造的なマルクス主義になる。その上でしかし、基本的にはやはり一面的ではなく多面的に能力を発揮できてこそ人間はなお一層人間らしいし、引篭って過ごすよりも、積極的な社交生活を送ることが人生をなお豊かにするというように、一般方針を指し示す規範としては、一面的ではなく多面的にあるべきだし、孤独に社会から逃避するのではなく、積極的に社会生活に飛び込むべきだという形にはなろう。

しかし問題は、そうした規範が強制されてはならないということである。これはマルクス的な共産主義に限らず、コミュニタリアニズムのような社交や共同性、それに政治参加の価値を強調するような思潮に共通した但し書きになるだろう。社交や共同、それに政治参加が積極的な価値であるのは当然認められるが、しかしそれを暴力的に強制し、社会性の欠如という烙印を個人に押してはならないということである。

我々は怠惰よりも勤勉に、孤独であるよりも社交的であることに、政治に無関心であるよりも意欲的な政治参加に価値を見出すが、こうした肯定的価値を共有できなかったり共有したくなかったりする人々に対しても寛容を旨として接する必要がある。こうした寛容さがなければ、折角のユートピアも押し付けられたディストピアに感じられる人も出てきてしまう。

とはいえ、こうした人々は現在の社会であっても少数の例外であり、多数はマルクスが望むような諸価値を望むだろう。ましてや唯物史観はオーウェンのように全ては後天的な教育で人間性が決まるという極端な立場までは行かないものの、やはり歴史的な社会環境の変化による人間性のある程度の変化を展望するものである。共産主義になれば自ずと全員立派な人間になるなどというファンタジーは抱いてはいないが、他者を出し抜いて勝ち抜こうというエートスが優勢で、競争によって心が痛めつけられがちな資本主義に生きているよりも、自ずと社交的になる傾向が増すと考えるのは、決して勝手な夢想ではないだろう。そしてストレスフルな競争から解放された人々が、怠惰さよりもクリエイティブな活動を求めることが多くなると考えるのは理に適っていないだろうか。というのは、怠惰さというのは厳しい世の中に対する絶望に起因することが多いからだ。資本主義的な過酷さが克服されれば、逃避的に怠惰さを望む人々はずっと少なくなるのではないだろうか。

実現可能性のあるユートピア像

こうしたことは全て希望的観測で、必ずそうなるという予言ではない。しかし全く荒唐無稽な夢想とまではいえず、合理的な未来設計の範囲に収まっていると考えるが、どうだろうか？

ともあれ、こうしたマルクスの理想社会像が、現代社会に生きる我々にどのようなものに映るかである。

先ず先に確認したように、こうしたマルクスの理想がこれまで実現された社会はなく、あくまでこれからの可能性だということである。その上で、このマルクス的理想は、人類の望ましい未来像の提起として、許容可能かどうかである。

唯物史観とは強調してきたように、未来に対する「必ず当たる予言」の類ではなく、実現可能性を踏まえた理想像の提起でしかない。私はこの理想社会像は今後の可能性として大いに参考されるべきと考えるが、先ずは多くの人々がマルクスの実像を知ることが重要だろう。

つまりマルクスの共産主義とはここで描いたようなゲノッセンシャフトとしてのアソシエーションであり、家族的な愛の原理が市民社会にまで普遍化し、自律した個人性と兄弟姉妹的な親密さがバッティングすることなく調和的に実現された社会だということである。こうした社会だからこそ、そこに生きる人々は人類の前史にいる我々とは異なり、全面的な人間性の開花を容易に実現できる条件にいるという、こうした実現可能性のあるユートピア像である。

しかしこうしたマルクスの共産主義像に対しては、そもそも実現可能性が皆無ではないかという批判もあるだろう。特に、マルクスの共産主義とその前提をなす唯物史観が、地球の有限性を無視した反エコロジー的な構想であるという批判である。マルクスの望むような共産主義を実現しようとしたらカタストロフ的な環境破壊がもたらされるのであり、その意味でマルクスの理論はどう修正しようとも現代に生かすことはできないのだというような批判である。

こうした批判は単なる言いがかりではない重みがあり、真剣に省みられるべき真正な問題提起を含んでいる。そこで章を変えて、改めて環境問題とマルクスについて考えてみることにしたい。

5章 マルクスから見る環境問題

SDGsから定常社会へ

家族的友愛と市民的自律が止揚される社会

これまでの各章で確認してきたことは、マルクスの思想は現代社会の諸問題に対する最終回答ではなく、直接的な処方箋を与えるものでもないが、現実社会主義擁護勢力などによって大きく歪められてきた原像を修復してみれば、現代社会の現在とこれからを考える上で、他では得られない貴重なヒントになるということである。その最たるものは彼の共産主義像であって、我々の社会では不和解的に対立しがちな家族的友愛と市民的自律が止揚されるようなゲノッセンシャフトというのが、マルクスの構想した共産主義の実像だった。

ソ連のような現実社会主義は、自らの社会が共産主義建設の途上にあると標榜しながらも、マルクスの真意を全くつかむことができず、マルクスが批判したブルジョア的な「持つ」思考様式そのままの、貧困な共産主義像しか提起することができなかった。資本主義では一部の富裕者しか得られない物質的な享受を万人が得られるのが共産主義だというような、ブルジョア的所有欲を無邪気に肯定するような理想像だった。

こうした「物欲共産主義」は、街頭テレビに群がっていたような時代ならばともかく、現代では殆ど訴求力はないだろう。

現代で求められるのは物質的に富裕になるということよりも、むしろその過剰による帰結を避けることである。資本主義によって巨大化された生産力が地球そのものを破壊しかねなくなっているのが現代であり、資本主義によって「破壊力」（『ドイツ・イデオロギー』）にされてしまった生産力を、地球を破壊しない姿に取り戻せるかどうかという論点こそ、現代社会で最も希求される理想社会像だろう。国連のＳＤＧｓは現行の経済秩序を前提するというブルジョア・イデオロギーの枠内にありながらも、資本主義擁護勢力であっても現行の資本主義の持続不可能性を認めざるを得なくなっていることの一つの現れであり、その問題意識自体は資本主義そのものを変革しようとするマルクス的な方向性の支持者にあっても大いに学ぶべきところがある（ＳＤＧｓについては蟹江憲史『ＳＤＧｓ（持続可能な開発目標）』中公新書、２０２０年、参照）。

10万倍という常軌を逸した格差

ＳＤＧｓは資本主義の存続を前提にし、社会主義的変革が環境問題解決への最も有効な近道だという認識を持たないがために根本的に限界がある理念であるが、体制の変革を視野に入れないことがかえって、既存の体制内部の改良運動への有効な指標になっている。特に有益なのは、提起されている規範の多くが資本主義か社会主義かといった経済体制のいかんを問わず、常に実行されるべき普遍的な価値となっている点である。

そしてＳＤＧｓはこれらの価値を、あくまで生産様式の変革にリンクさせることがない表層に留まっているものの、体制内部の制度的改良と、取り分け個々人の日常的なライフスタイルを持続可能なものに変更させるための必要を提起している点が有益である。

これがなぜ我々のような社会主義的な変革を求める者にとっても重要な視座になるのかといえば、先にも示唆したように、経済体制が根本的に変化したからといって、その経済を生きる人々の嗜好やライフスタイルも自動的に変化することはないからである。

とはいえ、経済体制の変革が、資本主義を前提とするSDGsが原理的に到達できない高みへと導くのは間違いない。その最たるものは、SDGsでも最重要課題として挙げられている貧困問題である。現在世界の生産力水準は地球人口全てに豊かな生活をもたらす水準に達しているのは間違いない。それなのに貧困に喘ぐ多数の人々がいるのは、富裕な少数者がいるためである。

富は中空から魔法のように生じるのではない。誰かがどこかで働かなければ経済的な豊かさは生じないのである。

では仮に労働者が自らの生み出した富を持続的生産活動を行なえるだけのストックを除いて全て自らの消費財とすることができたらどうなるのか。必ずしも機械的に均等に配分する必要はなく、生活条件によってばらつきはあってもよいし、社会への貢献度によって報酬を増やしてもよい。しかしこうした社会では、現在の我々の社会のような極端な貧富の差は生じようもない。

ところが現在の地球上では、年収10万以下で暮らしている人が決して少なくない一方で、年収100億以上の人もいる。その差は10万倍である。どのような理由も、こんな格差を正当化できるわけがない。しかしこれを正当化し、温存し続けるのが資本主義である。こんな無茶苦茶な経済秩序が、現在世界のスタンダードになっている。

仮に富を実際に生み出す労働者が社会を運営するとして、正当な理由でそれぞれの受け取り分に格差を付けるとしても、10万倍というのは想定のはるか彼方だろう。常識的に考えて数倍程度で収まるはずだし、同じ労働量であるにもかかわらず著しい貢献が認められて優遇措置が取られるとしても、その差が他の労働者の10倍以上もないのは我慢できないなどと不平を漏らすのは、労働者が経済的主権者となった社会では、著しく公共心のない者だと判断されるだろう。

そしてもし現在の地球でこうした社会主義が経済秩序として採用されるならば、貧困問題など存続できるはずもない。全員に豊かな消費財が供給されて、その上でなお多くの余剰が生じる。そのような水準に生産力が高まっているからこそ、10万倍などという常軌を逸した経済格差が可能なのである。

SDGsの原理的な限界

実際に現在の「シャンパングラス構造」という経済格差では、僅かな上位者の富の総計が全人口過半数の富全体を上回る。この世には資産が1兆円以上ある者も存在する。年10万円で暮らす人々の1000万人分である。単純に分配すれば1000万人の年収が一年間倍になり、1000万人が危急の貧困状態から脱することができるだろう。持続的に貧困から脱するためにはただ金をばらまくだけでは駄目で、教育などに投資して、貧困者のケイパビリティ（潜在能力）を高める必要があるが、1兆円の資金は非常に多くの人口を恒常的に貧困から救うことに役立つだろう。

こうした超富裕者の富から10兆円を貧しい人々のために使えば、貧困問題は直ちに大幅改善される。しかしそれができないのが資本主義である。少数者が使いきれない富を独占しているからこそ貧困問題が生じているのであり、この構造を変えない限り、地球上から貧困を一掃することは困難である。そしてSDGsはこの構造自体は不問に付す。だからそこには原理的な限界があるわけである。

とはいえ、仮にこうした異常な分配の不公正を存続させる資本主義が克服されて、富の創造者である労働者がそれにふさわしく社会の主人公になれたとしても、労働者のライフスタイルが環境の観点から持続可能なものでなければ、人間的な社会主義になっても、その社会を永続化させることはできない。

ライフスタイルにははっきりと環境負荷の高低がある。そしてその高低は生産様式とは直結しない。

資本主義はその本性上、富の創造者であり、社会の中心を成す労働過程の担い手である労働者を客体化して生産手段として利用するため、労働者の意思が最終的な政治決定にならない社会である。民主主義といっても形だけのもので、私的所有の絶対性が保障された範囲でしかない。資本主義では政治家を選挙で選ぶことはできるが、社長を従業員が選挙で選ぶことはできない。経済領域での意思決定は民主主義ではなくて私的所有権によって決定される。そのため、10万倍もの収入格差が許容されるのである。社長の給料を従業員が選挙で決めたら、10万倍などという異常な数値はありえないだろう。そして資本主義は社会の土台である経済が民主的決定に拠らない所有権に基づいているため、上部構造である政治領域の民主主義も見せ掛けであって、労働者に経済運営の主権を握らせないように法的に縛りつつ、イデオロギー的にも賃労働が自然なあり方であるように各種メディアや教育機関、そして何よりも社会常識として広く人口の多数に定着させ、賃労働関係それ自体を変更するような民主的決定をさせないようにしている。

これに対して社会主義では、民主主義は経済的土台から締め出されることなく、経済運営も労働者による民主的な協議によって行なわれる。資本主義では私的にストックされて社会全体の富にならない部分が、社会主義では社会全体のために利用することができる。そのため、民主的な政策決定は私的所有権によって妨げられることなく、生産力の許す範囲で多くの政策が資本主義より実現し易くなる。このため、民主的に決定された経済政策が資本主義では原理的に不可能なレベルで実現することができる。資本主義では貧困により実現できない様々な享受が可能になる。貧困者それ自体がいなくなるからだ。

しかしこういう社会だからこそ、ライフスタイルや各個人の選好が資本主義以上に社会全体に影響を及ぼすことになる。多くの人が望むことが資本主義よりも実現し易い社会だからだ。そのような社会にあって、多数の選好が環境破壊的なものであれば、資本主義よりも環境が破壊されてしまうのである。

社会主義においてこそ実行力を発揮するＳＤＧｓの問題提起

自家用車は環境破壊原因の一つだが、資本主義では貧困者は手にすることができない。しかし社会主義では運転資格が認められた全員が、望めば入手することができる。そのため社会主義では資本主義よりも多くの自家用車が走ることになる。だがそうなると社会主義では資本主義よりも環境が破壊されてしまうのである。

現在世界でクルマ以上に環境破壊要因になっているのが肉食である（『はじめての動物倫理学』参照）。資本主義社会の生産力が向上し購買力が高まったお陰で、肉の消費量は増えている。肉の消費が増えるのには様々な原因があるが、最大の理由は当然ながら各人が肉を食べたいという選好を持っているからである。そして肉への選好は生産様式によって自動的に決定されるわけではない。社会主義になれば皆が自動的に環境負荷の少ないビーガンになるはずもない。それどころか、社会主義になれば貧困によって肉食を抑制していた部分も肉が食べられるようになる。そうすると肉の消費量は資本主義よりも増えて、資本主義以上に環境が破壊されてしまう。

このようなリストはもっと増やすことができるだろう。そしてこの思考実験から言えることは、資本主義を乗り越えて社会主義を実現できたとしても、各人のライフスタイルが環境破壊的なものであり続け、そうしたライフスタイルを抜本的に転換すべきという価値観が遍く社会全体に共有されなければ、折角実現された社会主義も環境破壊によって滅んでしまうということである。

そのような環境破壊的ライフスタイルは社会主義政府が禁じればいいという話になりそうだが、各人の選好を権力が抑圧しないというのが社会主義的解放の本義だったはずである。あくまで多数が望むというのではない限り、小数の賢者が天下り的に善政を押し付けるのは人類前史同様の抑圧であり、人類の本史であるはずの社会主義にふさわしくない。多数が自発的に環境親和的なライフスタイルを選好するのが、社会主義にあっても前提となる。

この意味で、ＳＤＧｓの問題提起は、社会主義にも資本主義同様に適用されるのであり、むしろ社会主義にあってこそ、資本主義以上の実行力を発揮するのである。なぜなら資本主義ではSDGsが重視する個々人の実践による社会的な波及効果が私的所有権によって制限されるのに対して、社会主義では多数の選好がダイレクトに社会全体に波及するからである。社会主義で各人が環境破壊的ではないライフスタイルを実践すれば、資本主義のように資本によって妨げられることがないために、確実に社会全体が持続可能なあり方に転化するのである。

つまり、実はSDGsを本当に実現できるのは、SDGsの主眼である個人的実践が資本の利潤追求によって歪められたり妨げられたりすることのない社会主義においてこそなのである。

しかしこのことは、これまでのマルクス主義思潮及びマルクスその人の思考スタイルに対する批判的捉え返しを避けて通ることができなくなることも意味する。

変革のための必須の両輪

マルクス及びマルクス主義の基本視座は、「存在が意識を規定する」という唯物史観の大前提である。

この観点は間違いなく正しいが、ここからはどうしても、各人の置かれた社会的状況にのみ目が行き、社会条件にかかわりのない普遍的な個人的実践のあり方が軽視されがちになる。

SDGsがそのブルジョア的制限にもかかわらず社会主義的変革を志向する人々にも価値があるのは、こうした普遍的な実践の意義を一貫して強調している点である。

エコバッグに象徴されるような使い捨てを戒めるライフスタイルの強調は、なるほどそれだけで自己満足し社会変革へまなざしを向けることと結び付かないならば、確かにブルジョア・イデオロギーの一変種として機能してしまうが、逆に社会変革のみを徒に高唱するだけで、エコ消費のようなミクロの実践を無視したら、結局は社会主義になっても環境は破壊され続けるのである。

つまり社会変革というマクロな大局的戦略とエコ消費のような体制変革とは直接関係しないミクロな個人的実践は、決してトレード・オフ関係になるものではなく、変革のための必須の両輪をなすのである。

これに対してこれまでのマルクス主義及びこの点ではマルクスその人も、体制変革を捨象したブルジョア的な倫理的実践の提唱に反発する余り、変革のための必須な要素である個人的なミクロレベルでの実践の重要性に気付かずに、体制が変われば個人の嗜好やライフスタイルも自動的に新社会にふさわしいものに変化するかのような、根拠のない楽観を抱いていたと断じざるを得ない。

しかし幾ら生産様式が労働者の主権に服する形に変革されても、その労働者の総意が思うままに自家用車を乗り回し、肉食にふけるような選好であるならば、労働者の総意を妨げるブルジョア的制限がなくなった分だけなおさら旧社会よりも環境を破壊し、持続可能性を損なってしまうのである。

この意味で、社会主義的変革を志向する政治勢力と諸個人に要請されるのは、これまでの社会主義や共産主義運動、取り分け旧世代的なレーニン主義的運動では全く無視されてきた、個々人のライフスタイルへの、まさに個人レベルでの変革への啓蒙と自ら自身の実践である。

個人の倫理的実践の重要性

社会主義を目指す変革主体が自家用車や肉食への愛好のような持続不可能なライフスタイルを保持していてはいけない。大量のクルマが走り回り、走り回れるために道路網が大々的に整備されている社会、大量肉食のために大量の食用動物を飼育する社会は、それが資本主義であろうと社会主義であろうと等しく持続不可能な社会である。社会主義になったからクルマが環境を破壊することはなくなり、大量の食用動物を飼育する「工場畜産」でも動物は虐待されなくなるなどということはありえない。クルマの大量使用と肉の大量消費はどんな生産様式であっても等しく環境を破壊するのである。環境破壊の元凶は資本だから社会主義になれば環境破壊はありえないといって汚染対策を怠り、実際は資本主義以上の環境破壊をもたらしてしまったのが旧ソ連のような現実社会主義諸国だったが、これはソ連が真実には社会主義ではなかったということだけが原因ではなく、環境保護それ自体の価値を重んじていなかったからである。仮にソ連が本当に社会主義であったとしても、住民の環境破壊的なライフスタイルが改められなかったら、やはり環境はしっかりと破壊されていたはずなのである。

この意味で、マルクスの理論を現代の環境問題に適用しようとする際には、マルクス自身が強調できなかった、体制を超えた個人の倫理的実践の重要さを強調するという補足が不可欠になる。

これまでのマルクス主義及びマルクスその人も、個々人が自覚的に行なう時代や体制の違いを超えた普遍的な倫理的実践の重要さを看過してきたが、これからの社会主義的な変革運動には、こうしたミクロ次元の実践も、これまでそれのみが重視されていたマクロな社会変革運動と並ぶ、広い意味での革命的実践の契機として位置付けられる必要がある。

当然ここからは、社会主義革命以前段階での意識変革の重要性が導かれる。社会主義になれば何もかも上手くいくと無根拠に楽観して持続不可能なライフスタイルを放置するのは、これまでの革命運動では看過されてきたが、これからの変革運動では反革命的な堕落と見なされる必要があるだろう。

変革主体が目指すのは持続可能な共産主義の実現のはずである。ならば今、この時点でも、持続可能なライフスタイルを実行するべきで、持続可能な社会にふさわしい生活のあり方を資本主義的な制限の中でも実行可能な範囲で実践してみせる必要がある。そしてそうした持続可能な選好を、社会全体が共有すべき普遍的価値として広めていく必要がある。その意味で、社会主義的な変革主体にはＳＤＧｓに対してこれをブルジョア的個人主義というように蔑むことなく、むしろより先鋭化した形に改変して提起し直すというような作風が求められるだろう。

マルクスの歴史理論は生産力中心主義的か？

このように、現代の環境問題という視角からマルクスの理論的有効性を考えるという課題においては、ＳＤＧｓに代表されるような体制超越的な普遍的価値観と個人的実践の重要性の認識不足による軽視という、マルクスの理論的欠陥を自覚し、これを補ってマルクスを修正するという前提をしっかり確認した上で、ではやはりマルクスの理論は環境危機の現代に対応できるアクチュアリティを有しているのかと、改めて問うことができよう。この場合、マルクスの歴史理論が旧来そう見なされてきたような、発展至上主義的で「生産力中心主義的」なものなのかという論点が鍵となるだろう。

先ず、この生産力中心主義という言葉が、マルクス主義を擁護する側からも批判する側からも曖昧な含みを持たせられて使われ続けているという難点を解消するところから議論を始める必要があるだろう。つまり、生産力中心主義というのがそもそも何を意味しているのかということである。

繰り返すまでもなく、マルクス主義の歴史観である唯物史観の基本は経済的土台がイデオロギー的上部構造のあり方を規定するという見方であり、経済的土台それ自体は、特定の歴史的に規定された生産様式を実現する生産関係だということである。

この生産関係は、人間社会を経済活動という側面から切り出したものであり、経済活動における人間関係である。そして経済的人間関係である生産関係はまた、生産という観点から人間の本質的な能力を切り出した概念である生産力によって規定されるというのが唯物史観の基本観点ということになる。この意味では、生産力が人間社会の基本趨勢を規定するというのが唯物史観の前提であり、マルクスの基本視座でもある。なぜなら生産力とはマルクスに拠れば、最も根源的な次元では「人間の本質的な諸力」（『ドイツ・イデオロギー』）として規定される概念だからである。こうしたマルクスの視座からすれば、生産力が社会の究極的な規定原因であるのは当然のことになる。なぜなら生産力は人間の本質的な力なのであり、人間の本質的な力が人間社会の究極規定因なのは論理的必然だからだ。

この意味で、マルクス及びマルクスを継承する思潮であるマルクス主義において、生産力を社会把握のための中心概念とするのは当然のことであり、この限りでマルクスは生産力中心主義者であり、マルクス主義は生産力中心主義なのである。だから当然この意味での生産力中心主義を受け入れることは、マルクス主義の基本線を承認することであり、この次元の意味で「生産力中心主義」を否定することは、反マルクス主義的なスタンスでしか不可能なはずである。

だからマルクス主義者及びマルクスを継承するようなスタンスの理論家ならば、この意味での生産力中心主義者である他はない。もしそうではなく、自らはマルクスを継承すると自覚しつつも、この意味での生産力中心主義をも退けるというのならば、それは歴史上のカール・マルクスとは別の不可思議な「マルクス」という亡霊の信者の類ということになろう。

少なくともマルクスをフォローするというのならば、この意味での「生産力中心主義」者以外ではありえないし、これまでのマルクス主義文献でも、殆どがこうした逸脱から免れていた。

そのため、これまでのマルクス研究では一般に、こうした意味での「生産力中心主義」は問題になっていなかったように思われる。問題になっていたのは主として二つで、一つは生産力が生産関係を規定するというところから、生産力さえ上昇すれば自動的に生産関係は変わるのだから、生産関係を能動的に変革するための政治的な革命闘争は不要ではないかという議論である。もう一つは、生産力が自動的に永遠発展するのが人間社会の法則というのは環境の有限性を考慮に入れない反エコロジー的な思想で、現代にはふさわしくない構想ではないかというものである。

これらの批判は二つとも重要だが、より根本的でマルクスの理論的生命それ自体の審判にもなるのは後者である。しかし前者もまた、少し踏み込んでみると大きな理論的困難を提起していることが分る。そこで先ず前者について考えたい。

政治的革命闘争は必要である

先ず前者の批判は、その表層的なレベルでは特に困難もなく退けることができる。つまりマルクスは常に、基本的にはその都度の生産力に規定されつつも、積極的な政治闘争の必要性を訴え続けていたし、実際第一インターナショナルを始めとして、彼自身も常に政治闘争にコミットし続けていたからである。このことから、マルクスは確かに生産力の発展が革命の根源的な要因だと考えていたものの、こうした生産力発展に担保されつつも、その都度の政治闘争による積極的誘導が重要だと認識していたということである。このため、ただ生産力を増大させれば積極的な政治闘争なしに社会主義が実現されるという意味での「生産力中心主義」は、少なくともマルクスその人に基づくマルクス主義理論ではありえないということになる。

実際後続のマルクス主義思潮でもこの論点は十二分に弁えられていて、むしろ逆に、政治闘争が過度に重視されたという弊害のほうが大きかった。

そもそもマルクス以降最大のマルクス主義運動であるロシア革命自体が、マルクスその人の構想とはかけ離れていた可能性がある。

マルクスにとって社会主義革命とは生産力の資本主義的な制限からの解放であり、生産力がそもそも「人間の本質な諸力」であることにふさわしいように、生産活動によって労働者が疎外されない社会条件として人間関係が根本的に編成替えされることである。そうした新たな人間関係が社会主義的な生産関係で、これを実現することが社会主義革命の目的のはずである。となると、社会主義革命は基本的に既存の生産関係が生産力発展の桎梏《しっこく》に転化するまでの生産力の成熟が必要なはずであり、それだけ資本主義が発達している状態になって初めて社会主義への展望が開けてくるというのが、マルクスの革命観に対する標準的理解になるはずである。

ただしこの論点については、ロシアの女性革命家であるヴェーラ・ザスーリチの質問状に対する晩年のマルクスによる回答書簡から窺えるように、革命は常に当時のイギリスをモデルにし、発展した資本主義を前提するとも限らず、ロシアのような後進地域でも農村共同体を基盤に独自の革命的展開、発展段階のいわゆる「飛び越え」がありうることを示唆している。

しかしこれは一部で曲解されているように、マルクスが大前提である生産力の桎梏と化したがための生産関係変革の要請という、唯物史観に根ざした革命観を放棄したなどという話ではありえない。そのような重大な思考のパラダイム転回を行ないながら『資本論』の根本的書き換えを志向せず、また読者に旧来の自説への抜本的な読み替えを指示しないような学問的に不誠実なマルクスではなかろう。マルクスはあくまで、杓子定規な図式主義を廃して、歴史展開の多様性を踏まえているというのが真相である。その点では、こうした図式主義的思考に陥らないことへの注意は、マルクスの若き日からの一貫した思考のスタンスである。

実際マルクスにせよ誰にせよ、複雑な人間社会の発展コースを一元的なものだと断ずることは一面的な思考だと自戒するものだろう。マルクスからすれば、普通に考えて後進的なロシアでの革命は困難だという大前提の上で、しかし「絶対に不可能」とまで断ずるのは学問的ではないと考え、場合によってはロシア独特の農村共同体のあり方が血路を開くことができるかもしれないという「例外的可能性」を慎重に提言したというのが、「ザスーリチへの手紙」の常識的な読解方法ということになるはずだ。

平和的な革命路線もありうる

同じことはいわゆる「暴力革命」の問題についても言える。

暴力革命といえば「プロレタリア独裁」が連想されるが、マルクスがプロレタリア独裁の必要性を強調していたのは生涯一貫している。それというのも、そもそもこのプロレタリア独裁論自体が、１８４８年革命の挫折を踏まえた上で唱えられ出したものだからである。それはまさに48年革命がそうであったように、こちらがどう出ようとも体制側は、自らの秩序が根本的に転覆される危機に瀕すれば、民主的手続きなど無視したなりふり構わない暴力的自衛行動に出るものだという認識である。これは歴史観察に基づく社会変動に対してのリアルで冷徹な認識であり、そのためマルクスは望むと望まないとにかかわらず、革命勢力側にも反動の暴力に打ち勝つだけの武装の準備が必要であると考えていたのである。

だからプロレタリア独裁というのは、レーニン以降の後継者が歪めて広めたように、社会主義政権の権力のあり方ではない。それは資本主義から社会主義に移行するまでの非常事態である。非常事態であるため、通常は維持されるべき三権分立が一時的に停止され、プロレタリアの代表政治勢力が独裁的に権力を執行できるとしたのである。社会主義はそもそも独裁政治を許さない社会だし、社会主義でなくても三権分立の停止が永続するのは望ましくない。ここにマルクスのオリジナルなアイデアが後の現実社会主義勢力によって簒奪されてしまった代表例がある。一時的な非常事態として想定されたプロレタリア独裁を社会主義そのものとして曲解したため、「社会主義国家」での人権抑圧が正当化されたのである。

ともあれマルクス自身は、反動暴力は不可避であるとのリアリズムから、強権政治であるプロレタリア独裁があくまで一時的に必要とされざるを得ないという基本観点を維持し続けていたのだが、これも後進国革命と事情は同じで、一切の例外の余地を認めていなかったとは思われない。

まとまった文章はなく、断片的な言明しかないが、例えばいわゆる1872年の「アムステルダム演説」と言われる演説の記録文では、「平和的な道を通って」革命が成就する可能性もあるとしている。しかしマルクスはすぐ続けて、殆どの国ではやはり「暴力がてこ」になるのを認めなければならないと言っている。つまりマルクスの認識は、やはり革命には暴力的なプロレタリア独裁が伴うのがメインコースであるが、しかし例外的に平和路線もありうるということである。

ザスーリチに示された指標も同じ論調だった。生産力の時熟した先進諸国での革命がメインコースであるが、後進国での「飛び越え」の可能性もなきにしも非ずというのがマルクスの真意であり、唯物史観の観点からはごく自然な帰結に過ぎない。

こうしてマルクスの観点からは、資本主義から社会主義への移行は、先進諸国でのプロレタリア独裁を経て行なわれるというのが標準コースとして想定されていたことが分る。しかしこれはそれ以外ありえないということでもそれしか行なってはいけないということでもない。後進国革命も平和移行もありえるオプションだったのである。しかしそれはあくまで例外的想定に過ぎなかった。

出産のアナロジーで革命を語る

　ところが実際の歴史の経過で生じたのは、後進国における暴力革命という例外的コースである。ロシアと中国という代表例がこれに当たる。このことから、直ちにこれらの革命が反マルクス的だとはいえないが、しかしマルクス自身の構想ではやはりオプショナルな例外的範疇に入るのであり、マルクス自身の想定とはかけ離れたものだというのが素直な解釈になろう。

　こうしてマルクスの社会変革構想は、例外の余地を認めながらも、本筋では生産力の発展が機を熟させ、的確な革命運動により社会主義的変革を成功させるという方向性である。この点が明確化されているのは、『資本論』でマルクスが革命を出産のアナロジーで論じている点である。

　出産は妊娠していなければそもそもできない。これは革命の機運それ自体がないことを意味する。そして妊娠したということは、革命の機運が生じたということになるが、出産が早すぎれば流産になってしまうように、早急な冒険主義的革命運動は失敗に帰する。逆に遅すぎる出産は胎児及び母体にも危険をもたらすように、革命運動の好機を逸することは、手痛い反動というしっぺ返しをくらうことにもなる。

　こうしてマルクスは革命を出産になぞらえることにより、生産力発展（妊娠）という大前提の上に、適切なお産（革命運動）が必要だという論点を説得的に展開できたのであるが、こうした出産のアナロジーにはこれとは別の理論的困難がある。

それは出産というのは大概は成功するものであることから分るように、妊娠（生産力発展）すれば基本的には必然的に赤子（新社会）が得られるという思考様式が、こうしたアナロジーの前提にあるのではないかということである。

これはつまり、歴史に対する決定論的思考であり、後に現実社会主義がその実証だとこれらの国々のイデオローグによって喧伝されたような、資本主義は絶対的に社会主義になるのが歴史の運命だという、社会に対する科学的認識の枠を逸脱した、疑似宗教的な歴史法則信仰ではないかということである。

しかし、『資本論』の出産アナロジーからここまで敷衍するのは難しいだろう。言えるのは、マルクスもまたエンゲルスやレーニン、そして後のマルクス主義者たちのような疑似科学的な歴史信仰があったのかもしれないというところまでで、マルクスも後継者同様に非科学的な歴史信仰に囚われていたとまで断言するのは行きすぎだろう。

我々は当然、マルクスの信者ではない。もしマルクスが彼の後継者同様に歴史必然性の神話に囚われていたのならば、これをはっきりとマルクスの限界として退けるまでである。

歴史には確かに傾向性の類を見出すことはできるだろう。今後の人類が今よりも利便性を求めて生産力を向上させようとする傾向は自明であり、この傾向が変わる可能性は低い。しかし何らかの大きなパラダイム転換が生じて、人類全体がディープ・エコロジストよろしく文明拒否を志向するかもしれない。機械文明が否定され、文明以前の低生産力状態に回帰しようという運動が地球規模に広まり、未来は我々が常識的に予想する今以上の高度機械文明とは全く違ったものになるかもしれない。それどころか、人類が総意として反出生主義（アンチ・ナタリズム）に同意し、自発的に生殖活動をボイコットすることによって人類それ自体が滅亡してしまうかもしれない。こうした可能性は殆ど考えられないが、決してゼロではない。それはこれらが全てこれから起こる未来の出来事だという物事の本性に由来する。未存の未来がある特定の様式になると断言することは、認識の性質上できないからである。できるとすればそれは認識ではなくて信仰である。そして信仰は科学ではない。しかしこれまでのマルクス主義は、「科学的社会主義」の装いの上に社会主義の必然的到来を断言していた。だからこうした科学的社会主義は実際は非科学的な歴史信仰だったのである。

とはいえ、決して絶対的な歴史法則ではなく、そこに予期せぬ変更の余地を認めつつも、やはり歴史には確かな傾向性はある。こうした傾向性を踏まえつつ、今よりも望ましい未来を実現するための選択行為として社会変革の議論を構築することができるし、そうした議論は今日むしろ大いに望まれてもいるだろう。これが我々が見出そうとするマルクスにインスパイアされた社会変革論ということになる。マルクス自身は歴史信仰者だったかもしれないが、それとは別に、彼の理論に現代的な発展の余地を見出そうとしていく試みである。

理想社会は生産力発展の彼方に?

こうした観点から、生産力中心主義に関する第二のより根源的な問題を見ていくことにしたい。それはマルクスの生産力論とそれゆえ彼の社会変革論が、終わることも止まることもない物質的な生産力発展の彼方に理想社会を見出していくような議論なのかという論点である。

先ず、「生産力発展」という際に、混同されている二つの側面を区別する必要がある。それは全体的な総量として労働生産物が増えるようになるという意味での生産力発展と、投入された労働量に比してより効率的に生産物を産出できるようになるという意味で、生産効率の向上という意味での生産力発展である。

こうして「生産力発展」概念を分けた場合、後者の生産効率発展については何ら躊躇する必要はなく、その上限を追求すればいいし、実際に上限に向けて発展し続けるだろう。この際、資本主義ではこうした生産効率の追求を労働者を搾取し苦しめることによって行なうが、社会主義以降では労働者の疎外を克服していく方向で行なわれるという違いがある。いずれにせよこうした生産効率の追求それ自体はむしろ望ましい社会発展の方向といえるだろう。

これに対して前者の総量的増大の場合は、その無制限な拡大は地球資源それ自体のキャパシティという問題を引き起こす。

そもそも資本主義というのはそれ自体に環境問題への危機意識を全く内包し得ていない経済体制である。それは資本主義の形成された時代意識を如実に反映している。無限な自然資源を永遠に使い続けることができるという前提で形成された経済秩序が、現行の資本主義に他ならない。そして資本主義の主要性格である無目的な利潤追求は、そのまま生産量増大という意味での生産力発展に直結する。社会主義とはこうした資本主義における生産力増大をそのまま引き継ぎ、資本主義的以上の物質的富裕をもたらすことができる経済秩序だというのが伝統的な社会主義理解であり、ソ連を代表とする現実社会主義のイデオローグが喧伝し続けた未来像だった。

しかし明らかにこうした物質的増大という意味での生産力発展は望ましくない。地球環境はこうした増大にはもう耐えることはできないからだ。

こうして同じように生産力発展といっても、問題なく促進できる効率性向上と、まさにそれこそが現代における最大の社会問題となっている量的増大という、相対立する二側面がある。問題はこれまでの生産力発展が、常にこの二つ同時でという形でしかありえなかった点である。

湯船と蛇口のたとえ

現代からすれば必要最小限の物を最大効率で生産するのが望ましい生産のあり方ということになるが、そのような形ではこれまでの社会は発展してこなかったし、そうした形での発展も望まれていなかった。望まれていたのは効率よく全体的な生産量を増やすことで、確かに資本主義はこの人類の願望を労働者の搾取と抑圧という犠牲を通してではあるが、実現し続けていた。問題はこれをもう続けることができないということである。

そこでマルクスの生産力論が、最少量を最大効率で生産して持続可能性を実現すべきという、現代社会で望まれる発展観と適合したものになっているのか、これからの社会発展のあり方を考える際に有益なヒントとなりえるのかという論点が重要になる。

この重要論点に関して先ず言えることは、既に明確にしてきたように、現実社会主義イデオロギーに典型的であったような、通俗的な唯物史観理解では全く使い物にならないということである。

こうした俗流マルクス主義的な生産力発展論について、私はもうかなり以前から大学の授業などで、湯船と蛇口のたとえを用いて説明している。

社会の土台をなす生産関係は、生産力のあり方によって規定される。この場合、生産関係が湯船なりプールなりの容器で、生産力がそこに注がれる湯水である。生産力発展に対する通俗的理解は、生産力は少なくとも原始的な静止段階を脱して一度上昇気流に乗った限りは、いついかなる社会状況においても常に量的に増大し続ける。こうした生産力発展は、個々人の「意識から独立した」法則的な運動であり、自然法則それ自体を人間が左右することができないように、否応なくひたすらに増え続ける。

そして流れ続ける湯水がやがて溢れ出すようになったら、それは湯船である生産関係が湯水である生産力を受け止められなくなったということであり、湯船それ自体を大きくするという形で生産関係の再構築が必要になる。これが革命であり、革命によって湯船である生産関係は巨大化し、勢いよく流れ続ける湯水を湛えることができるようになる。こうしたたとえ話である。

実際これまでの通俗的な社会主義的社会発展観はほぼこのたとえ話どおりの図式で説明されていた。それだから、ソ連の国定教科書は科学技術が極限にまで進展したユートピアとして、共産主義を描いていたのであった。

しかしこの湯船のたとえは少し考えれば途方もない夢想だということが分る。確かに資本主義の形成まではこのたとえ話はある程度の説得力を持つが、資本主義後の未来がとてつもないものとして想定されているからである。社会主義革命はマルクスにあっては、人類の取りうる最終的な生産関係だと想定されている。最終到達地である共産主義とは成熟した社会主義のことであって、社会主義後には革命は起きないのである。

ということは、社会主義とは生産力という湯水を永遠に受け入れ続けることができる容量無限大の湯船ということになる。これは途方もない話ではないか。

言うまでもなくこのような容量無限大の湯船は、原理的に不可能である。なぜなら地球環境それ自体が有限であり、永遠の物質的生産力の増大などできるはずもないからだ。

資本主義以前と以降とで異なる歴史の根本原理

それでもソ連的なSFならば、だから人類はやがて地球を飛び出して宇宙を開発するのだという話にもなるのだろうが、環境危機の現在にこうしたSF的夢想を対置するのは、真剣なオルタナティヴの提起とはいえないだろう。住めないのならば宇宙に逃げればいいというような無責任な空語ではなく、現在のこの地球の環境危機を救えるような社会構想であることが、真面目なオルタナティヴ提起であることの前提条件だろう。

そうすると、容量無限大湯船の想定が通俗的なマルクス理解のみならず、実はマルクスその人の真意だったならば、マルクスの思想は環境危機の現在にはてんで使い物にならないということになろう。

この意味で、マルクスその人が後の通俗的マルクス主義のように、人類文明が永遠に物質的に増大し続けるという展望を抱いていたかどうかが問題になる。しかし、恐らくマルクスの残した文言のどれによっても、こうしたＳＦ的想定を明確に根拠付けることはできないだろう。

こうしたＳＦ的読解の主要な源泉は、言うまでもなく『経済学批判』「序言」における唯物史観の「定式」に対してなされ続けた伝統的理解に他ならない。しかし定式では生産力が意識から独立して発展するという文言はあっても、それが永遠にそうなのだという断言はない。

ここから、マルクス自身の真意は分らないものの、マルクスの理論構造に則れば自然に出てくるような唯物史観の含意を導き出すことはできる。

既に強調しているように、マルクスの歴史観における真髄は、人類の歴史を前後に分けることであり、資本主義までの前史と資本主義以降が、根本的に異なる原理で運営されるという認識である。これはマルクスが疎外論者であることから来る基本観点で、マルクスは歴史もまた当然に、それが疎外されているか否かで判断するのである。

資本それ自体が疎外された生産手段であるように、資本主義までの人類の歴史は富の創造者である労働者が自らの生み出す果実を十全に我が物とすることができずに、自らが生み出した疎外された生産物の人格化である支配階級に奪われる。その生産物が必然的に疎外されるような生産関係内部の生産力はだから、当然に疎外された性格を帯びざるを得ない。というよりも、生産力こそが生産関係の規定要因なのだから、生産力が疎外されているからこそ、生産関係もそうした生産力の疎外的性格を再生産し続けるように構成されるわけである。それは何よりも生産力はその最も根源的な規定が、繰り返しているように人間の本質的な諸力であることからくる当然の帰結である。人間の本質が疎外されるように、生産力も疎外されるのである。

そして人類の前史の基本性格が疎外にあるように、前史における生産力の基本性格は、それが「疎外された生産力」ということになる。

人類の本史では生産力の性格が反転

生産力が疎外されている人類前史では、生産力は人間の意識から独立して、それ自体でオートマチックに展開していく。人間からオートマチックに展開する生産力はしかし、他ならぬ人間自身の力である。自らの力でありながら自らの意識に服させることができず制御不能になっている。自らの意志するあり方を実現できない時に、人間は自らの自律を失っている。

つまり生産力がオートマチックに自律的に展開するのは、人間自身が他律的になっていて、自らの主体性を失っているからである。だから人類前史の生産力は人間の意識から独立してそれ自体として展開するのである。それは疎外された生産力である。

こうした生産力の疎外的性格を理解することができずに、生産力が無限に自律発展するのが生産力の普遍的な性格だと思い込んでいたのが、湯船と湯水のたとえで説明した、これまでのマルクス主義における一般的な生産力理解だったのである。

しかし疎外論を視座とするマルクス的な生産力理解では、生産力のあり方を疎外の有無で峻別する。人類前史の疎外された生産力のあり方に対して、人類の本史では生産力の性格が反対物に転化するのである。

人間が他律的になり生産力が自律的になっている前史に対し、本史では人間が自律的になり生産力は他律的になっている。つまり本史における生産力発展は人間の意識から独立してではなく、人間の意識によって完全に制御されながら行なうのである。

このため、疎外論に基づく生産力理解では、容量無限大の湯船とかけ流しの湯水という途方もない夢想は必要なくなる。容器は地球環境を破壊しない大きさに抑えることができる。注がれる液体も決してかけ流しではなく、蛇口によってその水量が調整できるし、容器は容器で、有限な容量でありながら生産力という液体を溢れさせて無駄にしないように、栓が付けられ、適宜開閉することによって調整することができるようになる。このむしろ常識的なたとえが適用できるように、旧来の通俗的な生産力概念を読み替えるべきだというのが、疎外論の視座からするマルクスの読解ということになる。

マルクスの生産力論が旧来的理解と異なりこうした常識の範囲内で想定できるようなもの

だとしたら、その理論的含意は旧来の通俗的解釈とは対照的に、現代社会にマッチした、極めてアクチュアルなものと見ることができるだろう。

つまりこうした疎外論的生産力理解であれば、まさに資本主義を終わらせ、人類の本史をスタートさせることこそが地球問題の本源的な解決方法という議論になるからだ。

この場合、ポスト資本主義の展望は、ひたすらに生産力を増大させてSF的空想を実現することではなくて、まさに生産力のあり方を持続可能性を実現するためにコントロールできるかどうかという方向になって行く。

解決の方向性は、旧来のマルクス主義のように、生産力の量的増大それ自体を目的として生産力を際限なく発展させることではなかったのである。それでは共産主義が実現する前に地球環境が破壊されてしまう。そうではなくて、資本主義では不可能だった生産力の完全なコントロールを実現できる社会の開始が人類の本史の幕開けだったということである。

このようなことができるのも、社会主義の実現によって労働過程と社会的総生産過程の乖離がなくなり、アソシエートした労働者が社会を導くことができるようになったからである。そしてこの新社会では、生産力の発展は人間的価値を実現するための手段となり、それ自体の無目的的な増大は志向されなくなる。資本主義は無目的な資本蓄積に伴い、ひたすら生産力を増大させることを自らの存立基盤としていたが、そうした経済の土台それ自体が変更されるのである。

資本主義を突破した先にある真の定常社会

今日の環境論は押しなべて、持続可能であるためには、社会のあり方がこれまでのように経済成長を基調としたものではなくて、むしろ定常的であることが必要だと主張する。そしてこの主張には反論の余地がない。

しかし資本主義は原理的に定常社会にはなりえないし、旧来のマルクス主義思潮も現実社会主義がそうであったように、資本主義諸国に輪をかけた成長至上主義だった。

これに対して、疎外論の視座に基づき解釈し直されたマルクスの生産力論にあっては、生産力は人類の本史ではその挙動が完全にコントロールできるものになっている。だから社会的な総意がこれ以上の経済発展を望まず、定常状態を志向するならば、その創意どおりに定常社会を実現できるということになる。定常社会を真実に実現するためには、資本主義という前提的な枠組みそれ自体を突破する必要があるのである。

その意味で、SDGsそれ自体には資本主義という枠組み自体を不問に付すという根源的な限界があった。しかし、社会主義とは資本主義とは異なり、社会的な総意がそのまま政策に反映できるようになった社会である。そこで重要になるのは個々人の選好のあり方で、多くの個人が資本主義以来の環境破壊的なライフスタイルを変更せずにこれを愛好し続けたら、社会主義は資本主義よりもむしろ一層地球環境を破壊するのである。

このことはまた、マルクス主義及びその源泉であるマルクスその人の思想的な落し穴を暴くことにもなる。なぜならマルクスその人も、社会が変われば人々の選好も自動的に変わるかのように考えていた節が濃厚だからである。

だからここでも解決方向は本書全体が強調するように、マルクスを古典として読むことにある。

現代の我々に必要なのは、何か「新しいマルクス像」なるものを発見して、マルクスを時代を超越した予言者のように神格化することではない。そうではなくて、マルクスの中に生けるものと死せるものがあることを粉飾することなく明確にし、その死せるものを切り捨てつつ、生けるものをしかしそのまま教条的に信奉することなく、大胆に現代社会のヒントとなるように読み変えていくことである。

こうしたスタンスは、マルクスその人の思想的原像を厳密に解き明かすこととは少しも矛盾しない。むしろ正確な原像の理解があってこそ、現代の文脈でのその読み替えが可能になるのである。

本書はこうしたマルクス読解の一つの試みである。まだまだ論じ切れていない論点は数多いが、哲学の視角からするマルクス読解としては、一つの形を作れたのではないかと思う。

あとがき

本書はマルクスについての入門書だが、執筆に際しては、マルクスに対して全く予備知識のない読者でも分るように心がけた。

とはいうものの、この試みが果たして成功しているのかどうか、正直心許ないところがある。というのも、こうした「予備知識の全くない読者でも分るマルクス入門」を意図した本を出すのは、これが初めてではなく、二度目だからだ。

最初の試みは『マルクス哲学入門』（社会評論社、２０１８年）で、私の意図通りによい入門書だったという嬉しい反応もあったが、入門書としては難しすぎるという声も少なくなかった。難しすぎると感じさせてしまった原因は幾つかあり、中でも重要なのが私自身の、入門書の書き手としての未熟さだと思われるが、それ以外にも、この本が採用した叙述スタイルもあっただろうと思う。

この本は入門書としては比較的オーソドックスに、マルクスの思想発展を経年的にたどるという叙述方法で、哲学史の標準的な解説のやり方を踏襲していた。こうした方法がしっくりと馴染むという読者もいれば、そうでもない読者もいたということだろう。読者の中には、マルクスの思想発展はいいから、マルクスの理論が現代社会に対してどういう意義を持つのかをもっと端的に数多く書いて欲しいという向きも少なくなかったのではないか。そうした読者からすれば、経年的な思想発展を講じるオーソドックスな叙述方法は、いささか退屈だったのだろう。

この意味で、本書は前著のような入門書では退屈してしまうような読者にも、飽きずに読み通して貰えるようになっていると思う。というのは、本書は比較的話題になることが多いような社会問題に対して、マルクスの原典からは何を言えるのかということを、マルクスを自由に敷衍しながら論じてみたものだからである。言うならば、「現代社会ですぐ使えるマルクス」を提示することを通して、読者をマルクスに誘おうとするのが本書だということになる。

このため本書は私がこれまで出してきた著書とはかなり毛色が異なっている。これまでマルクスを主題にした単著を四冊出してきたが、その中には博士論文のような専門書もあれば、上述のような入門書もある。しかしそのいずれもが、マルクスのテキストそれ自体を集中的に読解したり解説したりするという、類書でよくあるようなやり方だった。

これに対して本書は、これまでの私の著書とは異なり、一つの読み物として、読者に続けて読み進めて貰うことを目指しつつ、筆を進めた。言わば本書は、「読み物としてのマルクス入門」であり、本書という読み物を通して、私なりの「現代に生きるマルクス」を提起しようとする一つの試みということになる。

この試みが成功しているかどうかは読者に判断していただくとして、私としては前掲の四冊とは異なり、ここに完全な一般書枠でマルクス入門を出せたことに、深い感慨を覚えている。序章で述べた通り、今や「マルクスブーム」は、既にブームという次元を超えている。もはやマルクスの理論は、現代社会に対する確固とした定番的オルタナティヴになっている。こうした状勢の変化があったからこそ、本書のような著作を世に問うことができたのではないかと、思わずにはいられない。

マルクスをめぐるこのような現況はしかし、マルクス研究者の私としても、やはり予想外のものだ。マルクスが持て囃される現在の若者がマルクスに関心を持ち、さらにはこれを研究対象にしようというのは何ら不思議はないが、私のような者からすれば、今は全く意外な現実だからだ。つまり、私が若かった時分、大学に入り大学院に進む頃には、まるで考えも及ばないような状況の変化だということである。

私が大学に入ったのは1985年で、卒業したのは1989年である。1980年代末というのは、もうすぐ崩壊を迎えるとはいえ、まだバブル景気の華やかなりし頃で、他ならぬ私もその一人だったのだが、取りあえず働きたくない、ずっと大学に残って勉強だけし続けたいという浮ついた、世情を鑑みないような向こう見ずな動機で進学しても、さして不自然ではない、そんな軽薄な雰囲気の漂っていた時代だった。

私がマルクスを生涯の研究テーマと定めたのは学部に入ってからだが、哲学はもっとずっと以前から、それこそ中学生くらいからこれを一生学び続けたいと固く心に誓っていた。その意味で、哲学専攻でマルクスを研究するために大学院に進学するというのは、自らの関心に忠実に従ってはいたが、一人の若者の未来設計としては無謀極まりないものだった。というのは、我が国では伝統的に、マルクスは哲学ではなくて経済学の枠で研究するもので、哲学科ではマルクス研究は雰囲気的にタブー視されていたからだ。

実際私も学部で世話になっていた先生に内部進学について相談した際には、大学院で研究するのはマルクスではなく、「取りあえずヘーゲル」にしたほうがいいとアドバイスされた。

今からすればアドバイスに従ってヘーゲルを研究対象に選ぶか、さもなければ経済学の院に進むのが賢明に思えるが、当時の私はいずれも「不純な選択」として退けた。確かに学部にはマルクスを読むゼミはなく、学部のゼミで読んでいたのは主としてヘーゲルだった。しかしヘーゲルは、当時の私のみならず今の私にとっても、根本的に理論的な限界のある観念論者に過ぎなかった。その理論に根本的な限界を感じながら、しかしそれを自らの主要な研究対象に選ぶというような器用な真似は、当時の私にはできなかったし、今の私でも研究を全うできるか心許ない。それとともに、当時の私からすると、ヘーゲルはこれを研究対象とするには難し過ぎたという面もある。

ヘーゲルは長年読み続けてきて、今はある程度は読解できているような気もするが、当時は肝心な部分が分らず、これを研究対象とするには今一つ自信が持てなかったところがある。よく分らないからこそ進学して研究するんだというのにも一理あるが、私としては同じように難解で分らないところが多いとはいえ、ヘーゲルに比べればマルクスはまだずっと腑に落ちるところが多く、マルクスについてならすぐにでも論文を書けそうだったし、実際に書けた。だがヘーゲルだと論文が書けるまでになるには相当時間が掛かりそうで、しかも実際に書けるようになるかどうかは心許なかった。そんな研究対象を、本命ではないが仕方なくというような消極的な動機で選択しても、マルクスにあってそうであったように、30そこそこで博士論文を出版できるレベルにまで深めるのはやはり無理だったろうと、今にして思う。

だったら経済学の院に進めばよかったではないかという話になるが、こちらの選択可能性は、ヘーゲルよりも低かった。というのは、私は確かにマルクスの経済理論はこれを専門研究対象とするまでに魅せられているが、学問としての経済学それ自体には、今も昔もこだわりがないからである。つまり私は経済学者になりたいとは思わなかったということである。もし経済学の大学院に進学するのならば、学問としての経済学を極めて、経済学入門の教科書を書いたり、大きく言えば現代の『資本論』を物したりするぐらいの気概が必要だと思うが、そのような志向は今も昔も私には全くない。やがて大学で経済学概論を講じるという未来予想は、私には無縁だった。

私が志した学問は哲学であり、哲学の中の倫理学である。なりたかったのは経済学者ではなく倫理学者であり、大学で教えたかったのも経済学ではなく倫理学である。そして実際、27歳から今日まで既に四半世紀も倫理学を教え続けていて、倫理学の教科書を複数出版してもいる。

こうして今からすれば確かに、かつての選択には必然性があるとはいえるのだが、それにしてもやはり、この当時にマルクスを生涯の研究テーマに選ぶことは、哲学専攻でのタブー視と共に、世間一般の常識とも激しく離反するものだった。

言うまでもなく私が学部を卒業した1989年というのはベルリンの壁が崩壊した年であり、その二年後のソ連邦自体の崩壊に至るまでの、かつて権勢を誇った現実（に存在した）社会主義の凋落が始まった年だからである。

今でもマルクスをソ連と結び付ける人々は少なくない。この結び付けは健全な推論ではなく偏見に過ぎないことは本文で詳しく説明済みだが、この当時は今よりもずっと強烈にこの偏見が時代の基底的な雰囲気になっていた。

確かにこの当時も、学問上ではマルクスへの注目度は高かった。私が入学する二年前の1983年には浅田彰の『構造と力』（勁草書房）が出版され、いわゆる「現代思想ブーム」が起きていた。こうしたポスト構造主義やポストモダンといった主としてフランス発の新奇な知的傾向にあっては、マルクスはフロイトやニーチェと並ぶオリジネイターとして高く位置付けられていた。

そもそもこうしたマルクスの位置付けが歴史上のカール・マルクスその人の実像と乖離した浮ついたものに過ぎないという面はおくとしても、所詮は流行として持ち上げられているに過ぎなかったので、マルクスへの高評価はソ連崩壊という現実を前に、波を引くように消えて行った。

実際、ソ連崩壊を機にマルクス主義の立場を捨てた向きも少なくなかったのである。当時のマルクス主義者や活動家にしても、ソ連を丸ごと賞賛するというのは少数派だったが、しかしまさかありえないはずのソ連それ自体の消滅という事態に、自分のこれまでの理論的立場を適合できなかった人は少なくないのである。

まさにこの89年から91年というのが、私が大学院の修士課程に在籍した年だったのである。1989年という、世間一般的にはマルクス主義とその首魁であるマルクスの理論的無効性が証明されたと思われていた時期に、ヘーゲルにすればよいというアドバイスを振り切ってあくまで「マルクスの哲学」を学ぶために学部とは別の大学院に進学した私は、客観的には狂人に等しかったろうと思う。

こういう経緯があるため、私のマルクス研究には常に、自分の研究を正当化するという作業が伴わざるを得なかった。ヘーゲルならばこういう作業は不要だし、哲学アカデミズムの主要な研究対象であるプラトンやアリストテレス、デカルトやカントといった巨匠を哲学科の大学院で研究することに、何の弁明もいらない。しかし私の場合には、ソ連崩壊というご時勢に敢えて哲学枠でマルクスを研究するのはなぜなのかという説明が、説得的にできるようになる必要があったのである。

それだから私のマルクス研究は常に、カール・マルクスその人の哲学と、旧ソ連東欧の公式イデオロギーだった「弁証法的唯物論」の本質的違いを際立たせること、それと共にそもそもソ連社会自体がマルクスの思い描いた共産主義とは根源的に異なるものだという事実を明確に理論化するという作業を伴わざるを得なかったのである。

この、他の哲学研究者諸氏には不要の高い理論的負荷のせいで、研究対象となる哲学者のテキスト解釈だけには留まらない、多角的な研究の必要性が生じ、非常な苦労ではあったものの、それが確実に研究者としての私の視野を広げてくれたという予想外の恩恵もあった。実際私はこうした経緯のせいで、哲学研究者でありながら社会主義についての専門的な研究団体である社会主義理論学会の事務局長として、哲学の枠を超えて社会主義それ自体の研究に携わってもいる。

こうしてマルクスは決して直接ソ連とは結び付かないのだという確信と共にマルクス研究を進め、大学院入学から5年経った27歳の時に、大学の授業でマルクスを講じ始めた。

最初に担当したのは初年度ゼミで、ピーター・シンガーの『マルクス』（重田晃一訳、雄松堂出版、1989年）をテキストにした。この本は最近新版も出された（Peter Singer, Marx: A Very Short Introduction, Oxford University Press, 2018.）英語圏では定評のある入門書で、全体的に表面的な解釈で深い分析はないものの、基本的には適切な方向でのマルクス解釈を行なっている好著である。

ちなみにシンガーは私にとってはマルクス解釈というよりも、彼の最も重要な理論的貢献である動物解放の方面で強い影響を受けた哲学者である。シンガーに触発されて研究を始め、動物倫理学は今や私の第二の専門研究領域となっている。その最新の成果が本文中にも提示した『はじめての動物倫理学』（集英社新書、2021年）である。

とまれ、こうして最初はゼミの形でマルクスを講じ始めたが、その後は講義科目の中で、しかし毎年マルクスを教え続けている。つまり倫理学概論と共にマルクスもまた哲学の専門科目の枠内で、四半世紀にわたって教え続けているわけである。

当然教え始めた当初は反発が大きかった。私としても自著で書く以上に、授業の中でいかにマルクスとソ連が違うのかを繰り返し強調せざるを得なかったのである。それでもなお、多くの学生にとってマルクスの評判は芳しいものではなかった。勿論マルクスとソ連の違いをはっきりと認識して、ソ連崩壊にかかわらないマルクス独自の理論的意義を評価する学生も少なくなかったが、やはり何度言ってもマルクスとソ連の違いを理解せず、「時代遅れな共産主義者マルクス」の話を聞かされることに怨嗟の声を上げる学生もまた、決して少ないとは言えなかった。

当然私としてもそういう学生は常に一定数以上はいるものだと諦めた上で、なおマルクスの理論的可能性を講義し続けたのである。

それが何時頃からだろうか、これまで定番だった現実社会主義とマルクスを結び付けてマルクスの歴史的限界を指弾するという批判が目に見えて少なくなり、ついには殆ど見られなくなったのである。確かに現在でも旧態的なマルクス＝ソ連＝共産主義の図式を提示して批判するという学生は絶滅したとまでは言えないが、いわばレッドリスト的な希少種となっている。

これはまさに時代の風化作用ということだろう。90年代の大学生には、ベルリンの壁やソ連崩壊は同時代的な生々しい記憶である。それがやがて子供時代のかすかな思い出になり、そして生まれる前の出来事となる。今やベルリンの壁もソ連崩壊も、自分自身とは直接関係のない、教科書で学ぶ歴史になってしまった。

こうして現在の多くの学生にとってソ連とマルクスのつながりは偏見以前の未知の情報であり、新たに聞く知識になってきたのである。

こうした学生の意識の変化、拭い難い偏見から未知の情報への変化が、マルクスに対する反応を大きく変えることになった。いわば「幸せな無知」が偏見なくマルクスの真髄に触れる道を舗装してくれているというのが、現在の学生の一般的な状況である。

ではこうした学生の意識の推移が、マルクスに対するどういう反応を引き起こしているのか？

時たまこのことを団塊世代のような年長者に話すことがあるが、その多くが俄かには信じようとしない。彼ら年長者の思い込みに反して、現在の学生の多くがマルクスの理論を素直に受け止め、感銘を受けるということをである。勿論資本主義を否定するマルクスのことだから、これに反発する学生が一定数いるのは避けようもない。しかしそれはむしろ少数派である。多数はマルクスと共に我々の住む資本主義に何らかの否定的な側面があることを認め、これを何かしらの形で変える必要があるという意見を、授業レスポンスシートは元よりレポートや試験の答案の場で表明するのである。

こう言えば当然、それは単位が欲しくて教師に迎合しているのだという向きもあろう。しかしそれは昔も同じである。昔はまさにレポートや試験においてしっかりと、反マルクス的な言説が数多く展開されていたのである。そもそも授業で大切なのはマルクスや社会主義に賛成するか否かではなく、賛成するにせよ反対するにせよきちんと論拠を持って議論が展開できているかどうかである。従って学生にはマルクスを褒め称えなければいけない義務はなく、賛成するも反対するも自由だというのが大前提である。そのためかつては多くの学生が素直に反対の声を上げていたのである。

それが今や学生の間でのマルクスの人気は、かつての怨嗟の声に慣れている私自身が戸惑うほどのものである。

本書が生まれるきっかけは、こうした最近の学生の動向を何気なくSNSで呟いたことである。この呟きに目を止めた方が、自らが関っている講談社のウェブマガジン「現代ビジネス」への寄稿を薦めて下さったのである。

そうして書かれたのが2020年7月4日に掲載された「教員も驚いた…今の大学生が『マルクスに共感』するようになっている：彼らはこの思想家に何を見ているのか」という記事であった。いつも酒席で話すような何気ない話を書いただけだったが、これが一時アクセスランキングの一位に上るほどに、話題になったのである。そしてこの記事を読まれた晶文社の安藤聡氏の依頼により、本書が書かれることになったというわけである。

本書の序章はこのネットコラムを大幅に拡張して成ったものであり、既にお気づきの読者も多いと思うが、すぐ上で述べた自分語りも、コラムの一部を転用したものである。

しかし序章以下の各章は全て今回の著書のために書き下ろしたものである。書き下ろしで本を書くのは初めてではないが、「読み物としての入門書」を書くというのは初の試みであり、予想以上に大変だった。この努力が徒労に終わっていないことを願っている。

本書の性格上、マルクスからの引用は一々原典のページ数を示すことはしなかったが、引用に際しては全てドイツ語の原文に当たってチェックしてある。本書で引用したマルクスの文章の多くはこれまでの私の著書にも引用しており、そちらでは原典のページ数が提示してある。本書では行なわなかった専門的で込み入った議論も先行著作では行なっているので、気になった読者は紐解いていただければと願う。

本書は入門書として、多くの読者に理解して貰えるように、基本論点を意図的に繰り返している。例えば本書を読み続けると、資本とは疎外された生産手段だというような叙述を、読者は繰り返し聞かされることになる。そのため聡い読者には繰り返しが煩く感じられるかもしれない。しかしこうした繰り返しは、一人でも多くの読者に、取りこぼすことなくマルクスの理論的真髄をつかんでもらうための工夫の一端として行なったものである。この点、ご寛恕いただけると幸いである。

2021年5月

田上孝一

付録　マルクスを読むために

本書の読者の中には既にマルクスの著作に長く親しんでいるという向きもあると思うが、本書が主要な読者として想定しているのは、まだマルクス自身の著作は読んでいなかったり、いきなり『資本論』に挑戦したが早々に挫折してしまったというような人々である。ここではマルクスを読むに当たっての若干のアドバイスをしてみたい。

本書はマルクスの入門書であり、読者を正しいマルクス理解に導こうと意図されたものではあるが、しかし本書にせよ何にせよ、そしてこれはマルクスに限らないことでもあるが、いかなる入門書も原典の代わりにはならない。マルクスを理解するためにはやはり、マルクス自身の著作を読まなければいけないのである。

そしてこれまたマルクスに限らないことではあるが、原典を正確に理解するためにはそれ自体を読まなければならないのであり、翻訳だけで完全に理解することはできないのである。

そうするとドイツ人であるマルクスを理解するためにはドイツ語が読めなければいけないということになり、大多数の日本人読者には門戸が閉ざされてしまうということになる。

確かにマルクスを正確にその細部に至るまで理解するためには、ドイツ語で読むしかない。しかしそのような読解水準が要求されるのはマルクスを主題に学術論文を書こうというような場合のみである。本書がその一例であるように、現代社会を紐解くための古典の一つとしてマルクスに取り組むというような、大多数の読者が求める読書目的である限り、翻訳のみ読むので何ら差し障りはない。

『資本論』それ自体が、この手の著書では慣例だった豪華な装丁ではなく簡易装で出版されている。それは一人でも多くの労働者に手に取ってもらえるように販価を下げるためだった。そのようなマルクスだから自著の翻訳にも積極的だったのであり、外国語を読めない者は自著を読む資格はないなどと考えていなかったのは明白である。翻訳だけでもその真髄をつかめ、労働者が現状を変革するための思想的武器にできるのがマルクスの著作なのである。

ではそうしたマルクスの著作を翻訳でどう読むか、これまで出された翻訳書についてどう考えるかだが、先ず基本的に、マルクスの専門研究者が大手の出版社から出してきた文庫や新書などは、一部の例外を除けばほぼ大過なく読むことができるということである。そのため、多くの読者がそうするだろうように、最も入手し易い版で読んでも、180度違ったマルクス理解になるとは考え難い。この意味で、読者は躊躇せずにマルクス自身の著作に向かうことができるし、また向かうべきである。

とはいえ、全くマルクスを読んだことのない読者がいきなり『資本論』に立ち向かうのは、やはり危険である。それでも苦もなく通読できてしまう傑物《けつぶつ》もいるかもしれないが、例外的な少数だろう。やはりもっと薄くかつ読み易い著作から読むのが得策だ。その意味で、最初に読む著作としては、何と言っても『共産党宣言』が最適なのではないかと思う。

『共産党宣言』は入門書ではないが、そもそもが政治的パンフレットであり、大多数が誤解なく読めるように難解で曖昧な表現は排されている。それと共にその議論の明確さと内容の豊富さにおいて、単に歴史的に有名で重要というだけではなく、マルクスの理論的な代表作の一つとなっている。初めて読む読者にとっては古臭く感じられることもあれば、意外に先進的に思われることも書いてあるはずである。今この著作を読んで、書いてある全てに100%同意するという読者いないだろう。その意味で、この著作は読者に嫌が応にも批判的な読書姿勢を強いるのであって、そうした批判的な視座は、以降のどのマルクスの著作を読むに際しても重要なものである。この点でも最初に読む著作としては『共産党宣言』が望ましい。

また『資本論』へのマルクス自身による導入的著作として、『賃労働と資本』と『賃金・価格・利潤』が古くから読まれてきた。後者は前者と比べると少し難しいので、読む場合は前者からにするのがよい。

こうして上記の三冊を読んでから、『資本論』を始めとするマルクスの比較的骨の折れる著作に向かうのが、オーソドックスではあるが、やはり有効な方法だろうと思う。

マルクスの中で、本書が特に重視したのは『資本論』の他には『ドイツ・イデオロギー』と『経済学・哲学草稿』である。特にマルクスの哲学的核心をつかむためには、『ドイツ・イデオロギー』と『経済学・哲学草稿』は欠かせない。そのためこの三冊については幾分詳しく解説したい。なお、以下の情報は2021年6月現在のものである。

『資本論』の翻訳はこれまで数多く出されてきた。全三巻の完訳のみならず、初版やフランス語版のものや、第一巻だけ訳したというのもある。ここでは専門研究者による完訳本の中からどれを選ぶべきかということを考えてみたい。

専門研究者による完訳本で、本書の読者が読むのに好適で学習用にふさわしい廉価な文庫や新書のものを候補としたい。候補となる版で現在も品切れや絶版になっておらず容易に入手できるのは、岩波文庫（向坂逸郎訳）、大月書店の国民文庫（岡崎次郎訳）、新日本出版社の新書版（社会科学研究所監修、資本論翻訳委員会訳）の三つである。ただし新日本新書は現在、版型を大きくした新版が刊行中であり、近く新書版は入手困難になる可能性がある。

岩波文庫は何と言ってもメジャーなので、マルクスに限らずどの古典でも先ずは岩波文庫で読もうと考える人は少なくないはずである。そのため多くの人が『資本論』も岩波文庫で読もうとする。確かに大抵の場合は岩波文庫は「無難な選択」で、他の出版社のものより優れているというのも珍しくない。しかし『資本論』に関しては、岩波文庫は避けるべき選択肢である。その理由の詳細は専門的になりすぎるのでここでは割愛するが、一言でいえば訳がこなれてなくて読み難いということである。このことはこの翻訳の成立事情と深く関っている（その経緯は国民文庫版の「訳者後記」にあるので、興味ある読者は参照されたい）。

これに対して国民文庫版の翻訳はこなれていて読み易く、訳文の精度も高い。訳者の岡崎次郎は『資本論』の翻訳家として名高いが、国民文庫版はこの高名な訳者が30年近くにわたって改訳を繰り返した末の、ライフワーク的な決定版だからである。

新日本新書版もまた、専門家による細心の集団的労作で、訳語の選択等、優れた面が多い。このため、『資本論』を読むに当たっては、誰もがそうしてしまいがちな岩波文庫は避けて、国民文庫か新日本新書で読むのが望ましい。

勿論、だからと言って岩波文庫で読むのは無意味だとか、それだと絶対に理解できないということではない。どうせ読むのならばよりよい訳で読んで欲しいということである。

『ドイツ・イデオロギー』もまた、多くの読者は岩波文庫を手に取るだろうが、残念ながらこちらも余りよい選択肢ではない。

岩波文庫からはこれまで三度、訳が出ている。現在流通している新訳は、かつて廣松渉が1974年に河出書房新社から出したドイツ語原典と翻訳を再編集したものである（廣松渉編訳・小林昌人補訳）。廣松版は訳者が疎外論超克論者であるところからくる訳語の歪みが見られたりして、翻訳としてはよくないものであったが、どういうわけか岩波文庫版ではその辺りは幾分改善されている。その意味では岩波文庫版は元の廣松版よりもましなものになっている。とはいえ、そもそも底本にしている廣松版それ自体が、原典テキストとしての要件を満たしていないものであるという問題点があり、この根本的な欠陥は廣松版を継承した岩波文庫版でも解消されずに存続している（その理由の詳細は高度に専門的になるのでここで述べることはできないが、興味ある読者は、大村泉・渋谷正・窪俊一編『新ＭＥＧＡと「ドイツ・イデオロギー」の現代的探求』八朔社、２０１５年を参照されたい）。

これとともに岩波文庫版には、研究目的ではない通常の読者が読むには甚だしく読み難いという問題がある。

これは『ドイツ・イデオロギー』の元々の原稿が作業途上のままで、執筆者以外の第三者が読むには困難な状態に留まっているためである。だからこの著作は伝統的に予め読み易く再編集された版が用いられ、旧来の翻訳もこの読み易い版から行われるのが常だった。

ところがこうした旧版は読み易さのために文章の順番を入れ替えたりしていたため、テキストとしては不正確なものになってしまっていた。

そのため現在では、基本的に原稿の元の状態通りの順番に文章を並べた版がテキストとしては一般に用いられるようになっている。廣松版は旧来の版への対抗意識から、文章の並びを極力原稿に近づけるよう配置されており、予め並べ替えられた旧来の版では分かり難かった原稿の実像が視覚的に追体験できて、研究目的の読者には有益なところもあった。しかしこの原稿通りの配置という方針のため、続けて読んで学習するためのテキストとしては、極めて使い難いものでもあった。

岩波文庫版は廣松版に対して、続けて読めるように配置が工夫され、廣松版よりも読み易くはなっている。しかしなお研究目的としてのテキストでもあろうとしたため、一般的な学習目的の読者にはやはり読み難いものである。

そこで『ドイツ・イデオロギー』を読むに際しては、原稿形成過程研究の最新成果を踏まえつつ、かつ学習用テキストとして文章の続けて読み易い翻訳を通常の読書に用い、研究時には原稿を忠実に再現した研究用翻訳を併用するというのが望ましいあり方となる。そのため通常の読書に使う翻訳としては、服部文男監訳『[新訳]ドイツ・イデオロギー』(新日本出版社)を用い、これに渋谷正編・訳『草稿完全復元版 ドイツ・イデオロギー』(新日本出版社)を併用するというのが推薦できる読書スタイルになる。勿論研究目的ではない大多数の読者は服部版を読むだけで十分である。

ここでも念のため繰り返しておきたいが、だからといって岩波文庫版で読んでは全く理解できないということはない。それどころか、予め原稿が配置換えされている旧来版の翻訳で読んでも、基本的な内容の理解ができないということもない。というのも、入れ替えられているとはいえ、文章それ自体が改変されているわけではなく、センテンス単位では結局は同じ文章だからである。

それよりもむしろ、一般に『ドイツ・イデオロギー』として流通しているテキストが、実際は『ドイツ・イデオロギー』の全体ではなく、その一部であることのほうが、注意すべき問題である。

学習用や通常の読書用テキストとして一般に流通しているのは、『ドイツ・イデオロギー』全体の中で序論に当たる「フォイエルバッハ」と呼称されている箇所である。全体はずっと長い。しかしこの「フォイエルバッハ」は、『ドイツ・イデオロギー』全体の理論内容が集約されて示されている箇所であり、ここを読むだけで『ドイツ・イデオロギー』全体の理論的核心をつかむことができる。このため、旧来よりこの箇所のみが翻訳されて出版されてきたのは、決して不当ではない。

『ドイツ・イデオロギー』全体として最も多くの分量を占めるのは、マックス・シュティルナーの『唯一者とその所有』に対する逐条的な批判である。この箇所を通読することは、研究目的ではない読者には退屈極まりないことだろう。学習目的の一般読者は、『ドイツ・イデオロギー』全体を読む必要はない。

とはいえこの「聖マックス」の箇所にも、「フォイエルバッハ」にはない独自の理論が散見される。本書で示した、共産主義では画家はいなくてたまに絵を書く人がいるだけだという文言も、この箇所にある。その意味で、全体を全て読もうというのは、決して愚行ではない。

　ただし『ドイツ・イデオロギー』全文は文庫や廉価なテキストとして出版されてはおらず、今後も出版されるとは思われない。『ドイツ・イデオロギー』の全文は大月書店版全集の第三巻に納められているので、意欲的な読者は挑戦して欲しい。

『経済学・哲学草稿』の翻訳で現在、最も入手し易くて広く読まれているのは、岩波文庫版（城塚登・田中吉六訳）と光文社古典新訳文庫版（長谷川宏訳）だと思われる。特に岩波文庫版は以前から決定版と見なされ、一般読者、研究者を問わず普及してきた。

　これまで最もポピュラーな古典翻訳シリーズとして誰もが真っ先に手に取るだろう岩波文庫の翻訳が、『資本論』と『ドイツ・イデオロギー』にあっては推薦しかねることを説いてきた。しかしこの『経済学・哲学草稿』の場合は対照的に、大いに推薦できる優れた翻訳である。

　そのよさは多々あるが、最も重要なのは本書で注記したように、マルクスが対象化や疎外といったカテゴリーを対概念として使っていることが分かるように訳し分けられていることである。このため、対象化一般が国民経済学的状態という特殊な歴史状況によって疎外に転じるというマルクスの論理構造が、ドイツ語の原典を確認しなくても見えるようになっている。これは岩波文庫版訳の貴重な理論的貢献だろう。

このような訳であるから、翻訳全体も極めて信頼できる丁寧なものである。これまで『経済学・哲学草稿』といえば岩波文庫で読むというのが一般的だったが、この流れは優れた文庫版の新訳が出るまで継続してよいし、されるべきである。

このように優れた岩波文庫版の訳ではあるが、残念ながら問題もある。その最大のものはPrivateigentumが「私有財産」と訳されてしまっている点である。本書での『経済学・哲学草稿』の解説を読まれた読者は気付くように、マルクスはこの言葉を専ら名詞的な意味のみならず、動詞的な意味を含み持たせつつ使っている。「私的所有の運動」というのは、私的所有が自ら主体的に所有を増やし続ける運動体として捉えられている。これが「私有財産の運動」だと、そうした運動体としてのニュアンスは表せない。そこで読者には、岩波文庫を読む際には、「私有財産」を「私的所有」に変換して読まれんことをお願いしたい。

これとは別に、岩波文庫に限らず『経済学・哲学草稿』のほぼ全ての翻訳で、底本として使われているのは後世の編者によって読み易く文章の順番が入れ替えられたり、配置換えがなされたドイツ語原典だという問題がある。唯一の例外は篤実《とくじつ》なマルクス研究者だった山中隆次による『マルクス　パリ手稿』（御茶の水書房、２００５年）で、これはマルクスの原稿を忠実に再現した新しい完全版全集である新ＭＥＧＡを底本とした翻訳で、『経済学・哲学草稿』本来の形が確認できるようになっている。そのため岩波文庫版と一緒に併読が望まれるが、残念ながら品切れ重版未定状態で、入手困難になっている。

さて、では光文社版翻訳はどういうことになるかだが、正直言って余りよい訳ではない。Privateigentumも「私有財産」のままである。

本書で解説したように、『経済学・哲学草稿』時代のマルクスは後年と異なり、社会主義を共産主義の後に来るものとして、終局的な理想社会を、「社会主義としての社会主義」(Sozialismus als Sozialismus)と呼称していた。ところがこの訳書では「社会主義なるもの」となっている。読者が「社会主義としての社会主義」との表現を見れば、自ずとそこに重要性を感じるはずだが、「社会主義なるもの」ではどうでもいいものとして読み飛ばしてしまうのではないか。本訳書にはこのような欠陥が目立つ。

また既に『経済学・哲学草稿』の新メガ版が出ているのに、これを底本にしていないのも解せない。

本訳書は何よりも「分かり易さ」を重視したとあるが、正確さを犠牲にしてはいけない。読者はより正確な翻訳である岩波文庫版で読むのが望ましい。

『資本論』に『ドイツ・イデオロギー』、そして『経済学・哲学草稿』を翻訳で読む際の若干のアドバイスをしたが、余力のある読者はぜひ『資本論』の準備草稿にも挑戦して欲しい。

本書で説明したように、『資本論』の深い理解のためには準備草稿を併せ読むことが必須である。しかしこれまた残念ながら、準備草稿の殆どは文庫や新書のような入手し易い形では出されておらず、かつて出ていた翻訳はいずれも入手困難になっている。

その中で例外的に文庫化されて読み継がれてきたのが、『直接的生産過程の諸結果』である。この著作は短いものではあるが、マルクスの哲学である疎外論が縦横無尽に展開されていて、マルクスの哲学を理解するという目的においては、『経済学批判要綱』と並んで重要な草稿である。

長らく親しまれた国民文庫版が入手困難になっていたが、幸いにも2016年に新訳が出された（森田成也訳『資本論第一部草稿：直接的生産過程の諸結果』光文社古典新訳文庫）。

こちらは同じ光文社文庫でも『経済学・哲学草稿』と異なる真面目な翻訳であり、読者に安心して推薦できる。多くの読者に読まれて、マルクスの理論的核心が疎外論にあることが理解されるのを願っている。

著者について

田上孝一（たがみ・こういち）

1967年東京生まれ。社会主義理論学会事務局長、立正大学人文科学研究所研究員。哲学・倫理学専攻。1989年法政大学文学部哲学科卒業、1991年立正大学大学院文学研究科哲学専攻修士課程修了、2000年博士（文学）。著書に『マルクス疎外論の諸相』（時潮社）、『マルクス疎外論の視座』（本の泉社）、『マルクス哲学入門』（社会評論社）、『本当にわかる倫理学』（日本実業出版社）、『はじめての動物倫理学』（集英社新書）などがある。

犀の教室
Liberal Arts Lab

99%のためのマルクス入門《にゅうもん》

2021年7月25日　初版

著　者　田上孝一

発行者　株式会社晶文社
東京都千代田区神田神保町1-11　〒101-0051
電話　03-3518-4940（代表）・4942（編集）
URL https://www.shobunsha.co.jp

印刷・製本　中央精版印刷株式会社

ISBN978-4-7949-7272-9 Printed in Japan